U0598804

卡耐基口才艺术
与说话技巧

〔美〕戴尔·卡耐基◎著　　郑磊◎译

卡耐基
职业能力训练
权威译本

THE ART OF ELOQUENCE
AND SPEECH

古吴轩出版社

中国·苏州

图书在版编目（CIP）数据

卡耐基口才艺术与说话技巧／（美）戴尔·卡耐基著；郑磊译.
—苏州：古吴轩出版社，2016.9（2017.12重印）

ISBN 978-7-5546-0737-4

Ⅰ.①卡… Ⅱ.①戴… ②郑… Ⅲ.①口才学—通俗读物
Ⅳ.① H019-49

中国版本图书馆 CIP 数据核字 (2016) 第 193854 号

责任编辑：蒋丽华
见习编辑：薛 芳
策 划：张 历
装帧设计：沈加坤

书 名：**卡耐基口才艺术与说话技巧**
著 者：[美] 戴尔·卡耐基
译 者：郑 磊
出版发行：古吴轩出版社
　　　　　地址：苏州市十梓街458号　　　　邮编：215006
　　　　　Http：//www.guwuxuancbs.com　E-mail：gwxcbs@126.com
　　　　　电话：0512-65233679　　　　传真：0512-65220750
出 版 人：钱经纬
经 销：新华书店
印 刷：北京富泰印刷有限责任公司
开 本：900×1270 1/32
印 张：8.25
版 次：2016年9月第1版
印 次：2017年12月第3次印刷
书 号：ISBN 978-7-5546-0737-4
定 价：32.80元

如发现印装质量问题，影响阅读，请与印刷厂联系调换。010-62472358

自序

从逆境中崛起

三十五年前，我靠推销卡车过活。可是，我对卡车的工作原理一点儿也不懂，不仅如此，在我心里，我根本就不想弄懂那些讨厌的玩意儿。那时，我收入很少，生活困顿，不得不蜗居在西大街56号的一间廉价出租屋里。

那个让我深恶痛绝的屋子不仅十分简陋，而且环境极为恶劣——墙壁上、地面上，到处都爬满了蟑螂。它们张牙舞爪、横行无忌，这场景实在令人作呕。我那仅有的几条褪了色的领带，极不情愿地"待在"泛黄的、斑驳的墙壁上。

一天上午，当我伸手去取其中的一条领带时，受惊的蟑螂成群结队地四散奔逃。那种情形让我目瞪口呆、不知所措，甚至现在想起那一堆堆的蟑螂，我仍然脊背发凉、不寒而栗。那时，我怨天尤人，每天长吁短叹，看不起自己，也看不起自己的工作——正是推销卡车这种低劣的工作，让我不得不蜷缩在比贫民窟强不了多少的地方，让我只能去肮脏不堪、四处漏风的低等饭馆里吃劣质饭食。

想想都让人恶心，满地的蟑螂，满屋子的苍蝇、蚊子，以及各种腐臭难闻的气味，你怎么可能有食欲？！毫无疑问，那时，我是全纽约市里最不快乐的年轻人。

难道这就是生活？难道我的一生就注定要这样度过？干着一份备受歧视的活儿，住着蟑螂遍地的廉租房，吃着劣质的、没有一点儿营养的饭食……想着想着，我的头越来越疼，简直快要裂开了。我的这种头疼无药可治，它完全是沮丧、绝望、愤愤不平等心理因素导致的。而这就是我每天晚上孤零零一个人钻进那个凄苦冷清的栖身之所后必定要经历的煎熬。

老实说，最让我难以忍受的是，我在大学时期的那些瑰丽的梦想全都打了水漂……我渴望有空闲时间可以读书，渴望重拾大学时代的写作梦想。

我在心底对自己说，扔掉这个让我抬不起头的工作实在没有什么大不了的。我只想拥有一个多彩的人生，并不太在乎能赚多少钱——简言之，我要自己创业！

　　凭着年轻人的那股初生牛犊不怕虎的冲劲儿，我很快就做出了这个决定。现在看来，正是那个略显匆忙的决定彻底改变了我的生活，成就了现在的自我。那个决定使我绝处逢生，令我享受了接下来三十五年的愉快时光，那种幸福感无疑是原先自怨自艾的我无法体会，也难以想象的。

　　那么，是什么促使我做出了那一重大决定？不推销卡车，那我如何谋生？这得感谢教育，我有幸在密苏里州瓦伦堡州立师范学院上了四年大学。这真是不幸中的万幸！我有师范生的根基，我可以去当老师。

　　我设想着，我可以去夜校给成人上课。那样，我肯定会有许多闲暇来读书，我还可以举办讲座，写长篇小说或短篇故事。我梦想着"为生活而写作，为写作而生活"。那时，我觉得活人总不能让尿憋死了，上帝总会给我留条活路。

　　我自信满满地对自己说，我在大学里接受了对每个人的工作和生活都极有帮助的公众演讲训练。这显然是比大学里开设的其他课程更有价值的课程——这是我的肺腑之言。我从公众演讲里获益良多。演讲，改变了我原本胆小如鼠、畏首畏尾的个性，帮助我建立了自信，增加了我主动与人交往的勇气，培养和提高了我的人际交往技巧。

接受公众演讲训练的经历也生动形象地展现出：一个领导者，一定是勇于在公众面前从容不迫、条理分明地表达其思想的人。因此，我可以在夜校里开设这些方面的课程，给学生讲授公众演讲的方法——这就是我摆脱那份让我郁闷的工作之后全部的想法。

然而，理想很高远，现实却让我倍受打击。我满怀豪情地向纽约大学和哥伦比亚大学的夜校班申请讲授公共演讲课的教席，不过，这两所全美知名的高等学府都以"人员已满，不需要另聘教师"为由而将我拒之门外。

消息传来，我就如冷水泼头一样失望到了极点。不过，这也许是命运和我开了个小小的玩笑。毋庸讳言，此时此刻，我由衷地感谢上帝，感谢他没有让我被那两所高校录取。否则，我很可能就没有机会去基督教青年会（Y.M.C.A.）的夜校上课。

基督教青年会夜校需要的，是具备真才实学的人。并且，来这里上学的成人学员，也都是想要摆脱在社会上受人歧视的境遇的有志青年。他们来这里的目的非常明确：拿到大学文凭，并且解决自己遭遇的问题。

在这些人中，普通职员期盼自己能在即兴发言时，不会刚说了一两句就因为怯场而晕倒在地。推销员期盼自己鼓起拜访"难对付客户"的勇气，掌握拿下"难对付客户"的沟通秘诀，而不必在这类客户的楼下转了无数圈之后才有勇气上楼推销。

总之，来这里的人都抱着明确的实用目的：他们想要重塑自我形象，重建自信；他们想要事业有成，赚更多的钱来养活妻子和孩子。不仅如此，他们还用分期付款的方式支付我的授课费用。如果他们觉得我的这门课对他们没有多大帮助，就会果断地停止付钱。

上帝啊，你清楚，众口难调。不过，我既然领了分红——这只是利润的一部分，而非月薪，那么，假如我还想保住饭碗并尽可能地多挣钱，就不得不拼了命地授课。说老实话，这份工作很有挑战性，让我觉得压力山大。

我要谋生，我需要让学员心甘情愿地继续掏钱来上课，所以，我就非得不断地激发他们对这门课的兴趣。前面说过，这是一帮出奇务实的家伙。他们只看结果，他们想要让我帮他们解决与这门课有关系的一切问题。

没有办法，我只能绞尽脑汁，尽可能地让自己说的每句话、上的每节课，都会让他们有一种醍醐灌顶、豁然开朗的感觉。我心知肚明，除非我时时处处都能做到让他们眼前一亮，觉得没有白花钱，否则我只能卷起铺盖走人。

起初，我觉得这样上课太憋屈、太郁闷。不过，回过头来看，我惊喜地发现，那样上课实在是一种弥足珍贵的磨炼。

没过多久，我就发现了这份工作的乐趣，很自然地，我也越来越喜欢这份工作了。眼见那些原本失意的人在我的精心点拨下，以闪电般的速度重拾自信，迅速成长，晋升加薪，工作、生活重新变得有滋有味，我由衷地为他们高兴，同时也大感意外。

那些课程所取得的巨大成就，完全出乎我的意料。不谦虚地说，也许，我从一开始就深知，我所开设的那些公共演讲课程一定会赢得成功。可是，我万万没有预料到，也难以想到，它们竟会如此成功！

在三个班的学员圆满完成公共演讲课的学习任务之后，基督教青年会主动提出，除了每晚五美元的课时费之外，他们很乐意再给我每晚三十美元的分红。看到自己的工作取得了实效，获得了雇主的认可与嘉奖，我高兴极了，工作也自然更卖力了。

除了教公共演讲课之外，我还从自己的教学经验出发，着手为成年人编写他们迫切需要的关于如何赢得友谊和影响他人等的人际关系方面的实战指导书。就这样，我写成了一本教材，我把它取名为《人性的弱点》。它是基于我在公共演讲课上与无数学员的交流沟通和观感体验而编写成的。

起初，《人性的弱点》只是我为自己的成人班编写的一本普通的教材。此外，我还编写了其他四本同样广受好评的书。《卡耐基口才艺术与说话技巧》即其中的一本。《人性的弱点》系列图书竟会达到如此之大的销量，这实在是我始料未及的。托它们的福，我或许已成为所谓的畅销书作者了。

我会写这一系列励志书籍，目的很明确——**正如罗伯特·史蒂文森（Robert Louis Stevenson）所说的："无论身上的担子多么重，你都可以咬紧牙关扛到夜幕降临。无论工作有多累，你都可以圆满完成。假若你可以这样过每一天，你就能过上温馨甜美的生活，并使你自己成为一个耐心、细致、高尚的人。没错，这就是生命的真谛。"**

目 录

第二部分　人际交往篇 / 141

第10章

婚姻与爱的艺术 / 239

第一部分
说话技巧篇

第1章

成为有强大感染力的说话高手

1. 掌控说话的声音

　　会说话的人，不光会塑造自己的声音，让它悦耳动听，并且，他们的语气、语调也非常有感染力，总会拨动人的心弦，引起别人的共鸣。

　　你说话内容的载体是声音，你的感觉、你的心情和你的状态，都是由你的声音反映出来的，声音在谈话中起到至关重要的作用。说话高手的声音总是与众不同的，他们的语调生动风趣，行为举止得体，有着独树一帜的说话风格。

　　说话高手的特点都是由与他们有关的东西体现出来的。对于这些人来说，真正有价值的就是这些独特的风格。你需要进行一连串重要的基础训练，才能够拥有自己的说话风格。

　　我们在和别人谈话时，要用到身体的各个部分和很多发出声音的器官。我们会做出像耸肩、挥手、皱眉头这样的动作，并根据不同的环境和谈话内容变换语速或改变说话的音量和音调来发出不同的声音。

有一点需要强调的是，我所说的不是声音的产生，而是声音的效果，也就是声音的物理性质。

我之所以强调说话的人一定要充满热情，其中的一个原因就是，尽管我们无法改变声音的产生，但是，我们的情绪、我们的状态可以影响声音的效果。所以，从刚开始说第一句话时，你就要表现得与众不同。

我们在说话的时候越来越没有生气，是因为大多数人随着年龄的增长渐渐失去了曾经的纯真和自然，不知不觉中陷入了一种习以为常的沟通模式。更显而易见的是，我们变得越来越不会用手势来表达想法，而且不会抑扬顿挫地控制自己的声音。

总而言之，那个特立独行、充满个性的自我在慢慢消失，我们已经失去了最初与人交往时的那种鲜活和自然。

我们需要改正很多不正确的生活习惯，例如，我们习惯于说话速度很快或者很慢，我们一不小心就会变得语无伦次。我在强调说话时要自然时，并不是说你可以随意地遣词造句，或者表达出来的东西无聊乏味。

我所说的讲话要自然，是要你用词语完整地表达出内心的想法。从另一个方面来看，说话高手有着充分的自信去相信自己可以再增加词汇，再运用想象和措辞，相信自己能够改变表达方式，并增强表达效果——追求精益求精的人们总是乐此不疲地这样做。

对于想快速掌握说话技巧的人来说，第一步就是要学会形成自己的讲话风格，你要时刻留意自己的音调、音量的变化还有讲话的速度。

你可以参考下面的方法：录下你说的话，或者让朋友帮你指导一下，当然，最好是由专家来给你指导。但是，这些都是你自己和自己说话的练习，和实际生活中的对话完全不一样。假如和别人面对面说话时，你就必须全身心投入到谈话中，这样才会引起对方的共鸣。

接下来，你要对自己的说话声音有所选择——这由你的个性、环境和你要表达的感情来决定。大多数情况下，你的声音要清脆且响亮。要做到有自信、目的明确和善于表达，就要说话清晰，这样，才会给对方从容不迫的感觉。

在大庭广众之下，假如其他人正在激烈地争论着某个问题，你突然站了出来，大声且简短地说出一句话，这时，就会达到震撼人心的效果。

怎样控制讲话的音量呢？想象一下，大家都能听到你说话时的声音吗？我说的是你的音量是不是够大而且清楚。如果你所处的环境是三两个好友在促膝长谈，那么，在这种谈话中，你或许不难做到这一点。

实际上，假如现在你的声音太大的话，别人反而会觉得你在吵架。不过，假如你面前有成百上千个观众，例如，在广场上发表演说时，你就应该用尽全力让更多的人听到你的声音。要是他们没有听到的话，你说的内容就会被他们忽略，他们是不会提醒你提高音量或让你再讲一次的。

所以，你必须根据不同的情况来调整你的音量。

假如你平时说话声音小的话，最好刻意地提高你的音量。因为说话声音小就会给别人留下胆怯、不自信的印象。不过，说话时也别太大声，只要对方能听清楚就可以了，否则对方会觉得你粗俗。

别忘了，你所表达语意的变化是随着重音的变化而变化的。如果要强调一个重要的问题，想要引起大家注意时，你就要适当地提高音量了。诚然，有时候，说话声音稍微小一点也能让你达到目的。

在所有的环境下，变换音量都可以突出你讲话内容的重点，请务必记住这一点。

让我们看看林肯是怎样通过变换重音来为自己摆脱困境的。

　　有一天，一位外国外交官碰巧看到了林肯正在低头擦拭自己的靴子，他嘲笑着说道：

　　"您经常为自己擦靴子吗，总统先生？"

　　"是啊，"林肯说，"你经常为谁擦靴子？"

　　林肯的这句话之所以使他脱离了被嘲讽的困境，并使对方处于尴尬的境地，就是因为他巧妙地转移了对方的重音。要想营造一种幽默，化解不必要的麻烦，你就要学会巧妙地转移别人的说话重音。

　　而且，声音的高低会影响听者的情绪，它是富有变化和层次感的。谁会愿意一直听很高且尖锐的说话声呢？还有，当你总是使用高音的时候，你的声音听上去会显得十分单调。所以，如果你想让自己的声音听起来悦耳且充满活力，就必须在音量上有所变化。

　　当你想解释某个观点时，变音也有利于你更积极地传达信息。这就像调节音量一样，你对某一观点的重视程度可以由略高或略低的声音来表示。

　　我们在平时的谈话中，声音会时高时低不停地变化，就像海浪的起伏一样。这样的原因是什么呢？没有人真的明白，也很少有人关心这个问题。然而，这种方式不仅让人感到愉快，而且也是一种很自然的方式。

　　但是，当我们在正式地谈话时，我们的声音就像一片沙漠一样，变得枯燥、平淡而单调。如果你觉得你有以上特征，最好停下来反思一下。

我们在说话时，在调整音调时，需要注意以下几点：

第一，你对你讲的内容充满了自信，这一点你必须让对方感觉到。当你的声音颤抖或者犹豫的时候，对方会觉得你对自己说的没有把握。如果你连自己说的都没有把握，对方怎么可能感兴趣呢？

第二，不要让你的话听起来好像在自言自语。声音小或者说得不清楚，别人会不确定你想要表达什么意思。你在说话之前也许不想让对方听清你的话，但是他们听到了一些，却听得不清楚，他们就会去想，也许你说了什么他们不喜欢听的话。

第三，假如你的牙齿咬在一起，也许会更糟糕，你的嘴唇紧闭不动，就像腹语者一样，那么，你肯定在用鼻音说话。发音模糊不清，是用鼻音说话导致的最大问题。你给对方的感觉是在抱怨，会给人缺乏生气和非常消极的印象。

第四，要是你的声音像飞机降落时的制动声，对方会觉得你非常讨厌，不愿意听你讲话。太高的声音听起来具有攻击性，会给人一种你正在压倒、胁迫他们的感觉，而这是他们所不愿意接受的。因此，当你想要大家听你说话时，没人会喜欢听你的意见。

第五，也许会有这样的情况发生：在说话快要到结尾部分或者关键部分时，你的声音渐渐小了下去，最后，变得什么都听不清楚了，这样会让你的讲话听起来不完整。要记住，对方不想去猜测你最后到底讲了些什么东西。

第六，如果想让你的声音听起来好听，就不要带着浓重的地方口音。当然，假如不得已的话，你必须采取一些方法来强调，而不要给别人留下你的发音不标准的印象。

第七，你的意图最终都是通过声音来表达的，不管它是什么。所以，假如傲慢、蔑视或者其他消极的情感因素出现在你的声音里，听你说话的人就会受到伤害，这样是对别人的不尊重。

如果你把自己的消极情绪融入声音中去，就会分散人们的注意力，人们会把它想象得比实际情况要糟糕得多。

例如，你轻微的挫折感会被看作歇斯底里，你的失望会被看作绝望……所以，你要把正面、积极的感情运用在你的谈话中，只有如此，方能以积极的方式去引起别人的注意。

2. 语调的重要性

第一次世界大战没过多久，因为同事德玛斯的缘故，我暂时停留在伦敦。一天，我溜达着走进了海德公园，走到了大理石拱门旁边——我以前听说有很多人聚在那里聊天或交流，我也想听听他们在说些什么。

我发现了一个问题：其中三位主讲人身边听众的人数在明显地变化着。刚开始，听众人数最多的，是那位鼓励一夫多妻制的演讲者，不过后来，他的听众人数在减少，而越来越多的人则围在另外两个演讲者的周围。你知道这是什么原因吗？难道是话题的缘故吗？

我研究了这个问题。

我注意到：那位鼓吹一夫多妻制的演讲者的语调听起来一点儿都不兴奋，好像对找三四个妻子根本就没有太大的兴趣，因此，大家认为他讲得枯燥乏味。另两位有着对立观点的演讲者却都完全投入到自己的演讲中——他们挥舞着手臂，情绪激动，声音很大且信心十足，散发着热情和生气，大大感染了听众们。

原来，听众人数的变化是由演讲者不同的态度和语调引起的。

语调表达了话语中包含的情感，是说话人的语气和声调变化的结合。在谈话的时候，比你说话的具体内容更多的信息是由语调表现出来的，也可以说，你说话内容的一部分就是语调。

例如，当你的话充满了真诚的时候，你其实是在向对方说："我所说的就是我所想的，我所想的就是我所说的，我这么做其实是对你的尊重。"如此一来，你所说的话会更加让对方信任。

像这位鼓吹一夫多妻制的演讲者的讲话，我觉得你也应该听过。他们对自己所讲的话题没有表现出太大的兴趣，他们的语调缺乏激情，平淡、生硬，似乎是在有气无力地照本宣科一样。你能被这样的说话方式吸引吗？显然不能。

很多人讨论的话题是很有吸引力的，但是，却没有达到预期的效果，这是什么原因呢？事实上，我们想象的要比语调传达的信息少得多。

语调向对方传达着某种言外之意的感染力，就像说话者的表情一样。当你和一个人打电话的时候，如果他的语气平淡，就算他告诉你一件值得高兴的事情，你也会觉得好像开心不起来；如果他的语气热情洋溢，就算你看不到他的表情，也可以感觉到他很高兴。

会说话的人，不光会塑造自己的声音，让它悦耳动听，并且，他们的语气、语调也非常有感染力，总会拨动人的心弦，引起别人的共鸣。 听说，一位中国艺术家朗诵菜谱就像诗歌一样动听，而一个意大利演员用悲怆的语调朗诵阿拉伯数字，听众听了以后感动到热泪盈眶。

你说的话变得声情并茂，就是因为语调的变化。

相当多的人并没有意识到自己的语调存在问题，他们觉得语调是天生的，就和嗓音一样，这是一种错误的认识。应该强调的问题是，对方会因为这种不当的声音变得麻木，与此同时会转移对说话内容的注意力，然后，没有心思去仔细思考你所说的。而语调富于变化的声音，则会造成完全相反的效果。

很多时候，我们把更多的心思花费在寻找谈话的内容上，但是，我们的语调最终把我们毁了，我们走入了这样一种思维的误区：

很多时候，当你接起电话听到第一声"喂"的时候，就从这一声里，不用再听别的，我们就能判断出来男朋友是否还对我们有热恋时的激情，妈妈是否昨晚睡了个好觉，好朋友是否已经通过了考试……

　　语调——一种声音的变化，竟然包含了这么多的信息。

　　有一句话说得很对，"嗓音是身体的音乐，语调是灵魂的音乐"。我们伤心的时候，语调是苍白无力的；一夜狂欢之后，我们的语调变得无精打采，毫无生气；在海边度假一个礼拜之后，我们的语调又重新变得活力十足，充满弹性。

　　你有没有留意过你声音的语调？是平和舒缓的，还是慷慨激昂的，抑或是抑扬顿挫的？如果想让你的声音表达出丰富多彩的效果，就要选择合适的场合运用好你的语调。

3. 使用富有韵律的语言

节奏，就是口语中有规律性的变化。语言之所以生动，恰恰是因为有了这个变化，要不然就会显得呆板无味。

一位意大利音乐家，他在台上不唱歌就能倾倒所有的观众，有的观众还因为他的吟诵而感动落泪。他能把数字有节奏地、富于变化地从1数到100，由此可以看出，节奏在我们生活中的重要性。

每个人都想让别人觉得自己做事干练、高效，那么，你就要拿捏好说话的节奏，说话节奏的魅力就在于此。

语速的快慢和说话内容的繁简，是影响说话节奏的两个主要因素。

假如你说话很快，说的时候别人听不清某些词语，别人就会难以理解你所说的东西；说话太慢，就会让谈话显得太拖沓，太迟钝。在谈话过程中，你向对方传达的信息，受到讲话快慢程度的影响。

速度过快，就像音调过高一样，会让人感觉到紧张和焦虑。

《记者眼中的林肯》一书的作者华特·史蒂文斯说道：

"他（林肯）会以很快的速度说出几个字，但是，当遇到他希望强调的词句时，就会拖长声音，一字一句说得很重。然后，他会像闪电一样，迅速地把整个句子都说完……他会尽量拖长所需要强调的字句，差不多和说其他五六句不重要的句子用的时间一样长。"

请你试着说出下面一句话："今天，我们要给大家介绍的，就是我们公司的这款商品。"当你在说这句话时，你可以先用平缓的语调说出"公司的"这三个字，然后停一下，用充满热情的声音大声说出"这款商品"。利用这种技巧，你肯定能收到想象不到的效果。

不过，有一点需要强调的，我也许并不反对你有意延迟说话的速度，用来突出这些或那些内容（由你的音调来决定）。但是，假如你的整个说话过程或者大部分篇幅都这样，我建议你最好别这么做。这样达不到你期望的效果，因为随处可见的拖延，会给人以厌烦的感觉，最后使人无法忍受。

我们在谈话中，必须明确这么一个目的：**要想让你的说话节奏明快，让听众觉得你的语气果决有力，你的社交语言就要尽量精炼、简洁，尽量承载更多更有用的信息。**如果你的说话节奏拖沓、局促，似乎总在躲避什么东西，那么，这些都是由于你空话连篇、满嘴废话引起的。

有些人在表达自己观点的时候说得太多，而且持续的时间太长，结果反而没有什么作用。知道了这些，你就不难理解这一点了。林肯在葛底斯堡的讲话中只讲了两分钟，全篇只有226个字，但是，他却获得了成功。虽然他的竞争对手爱德华·伊韦瑞特口若悬河地讲了两个小时，结果却一败涂地。

所以，你要确保自己表达的信息简短、直接，这样，你说的话就不会拖泥带水。为了做到这一点，你可以采取以下方法：

第一，要直接表达你的信息。要想使你所表达的信息听起来更加清晰、明了，你需要尽快地直达主题，让对方更直接地了解你要表达的意思。但是，很多人却爱从侧面去暗示，这样做无疑会分散对方的注意力。

第二，尽可能用简洁的词汇。如果你要陈述重要的观点，必须记住这一点：词汇或句子越少越好。"我问你几点钟，你不用告诉我表的工作原理。"这句老话非常恰当地表达了我的意思。

话虽然这么说，但是事实往往并非如此。本来可以用短短几句话就表达明白的观点，许多人非要用很多的词句，甚至于把故事、人物、数字都堆砌起来阐述他的主题——过多的修饰只会破坏你的表达，你需要尽量避免它。

一个父亲教导第一次参加正式舞会的十几岁的孩子说："你也许不该在今晚的舞会之前、之中或之后喝酒。"

这个父亲在说这句话时犯了什么错误呢？

第一，他用了"也许"这种缺乏说服力的限制词或关联词，听起来让人不是很确定，他到底要表达什么意思？你所肯定的是什么？对方可能弄不明白。

第二，何必加这么多像"之前、之中或之后"这样的修饰词语呢？这些词语无非就是要说明不许他喝酒这一个目的。这样会使人觉得你不坚决、不直接，而且，还会觉得你的表达不够简洁。

第三，确定你的中心思想。也许有多个主题包含在你说的话中，这样会有什么结果呢？这会分散你和对方的精力。事实上，你能把一个主题讲得很透彻都很不容易了，更何况是把每个主题都讲透。假如非要这样的话，跟对方讨论各种话题必然会影响你主要观点的表达，并且，每个主题你都只能点到即止。

此外，很多人喜欢重视细节的表述。这本身没有错，但是有一个前提，就是这不能影响主题的表达。假如你在这些细节中投入了全部的精力和时间，那么，你的信息重点就不清晰。

大多数人都不愿意花费更多的努力、精力或者时间去分析、解读你的观点。永远不要指望有这样的事情发生。

因此，**最重要的是通过你的表达，让对方直接得到重要的信息。**

控制节奏、表达观点时，记住下面几个关键点：

1.你可以适当地重复说话的内容，来强调相关的内容，但是，不要过于频繁地重复。你必须确定自己是有意识这样做的，而且尽可能让对方也明白这一点，否则，他们会觉得你说话很冗长、烦琐、无目标。

2.你得尽量简单、清晰地表达清楚你的意思。

3.你可以对你的话进行修饰，但前提是必须让对方明白你的意思。

4. 通过肢体语言和表情增强感染力

科恩登在给林肯写传记时，用下面的这段文字来描述他：

"林肯会经常转动头部。当他想要强调一个观点的时候，他的这种动作会特别明显。有时候，这种动作会突然停止……他的动作会随着演讲的进行越来越随意，最后到达完美。他的头部动作属于自己的特点，这让他变得很高贵。

"他鄙视浮华和做作……有时，为了表达喜悦，他会把双手举到大约50度，手掌向上，看起来好像要拥抱那种情绪。当他想表现厌恶时，例如对黑奴制，他就会高举双臂，握紧拳头，在空中挥舞，表现出强烈的愤恨感——这是他最有效的手势，表现了他最坚定的决心，看起来就像他要把这些东西都撕下来烧了一样。

"他总是站得很规矩，双脚并拢，绝不会一脚前一脚后，也不会伏在什么东西上面。在整个演讲过程中，他的姿态只有轻微的变化。他也绝不会乱喊叫，不会在台上走动。"

林肯的肢体语言所表达出的信息非常丰富，奥古斯都·圣高顿还根据林肯演讲时的姿态为他雕塑了一座雕像，就立在林肯公园内。当然，你必须要注意你的姿势，不一定非要模仿林肯的肢体动作。

要知道，语言本身不如非语言信息所传达出的信息更富有内涵。你的体态构成了你的一种肢体语言，它包括你的表情、姿势、手势及其所传达出的信息。这种信息更具有说服效果和丰富的意义，可以展示你的个性魅力，并当作你独特的形象深入人心。

当别人对你做出"生病了吗""累了吗"这样的评价时，你就应该知道问题的根源了。这类消极的猜测，也许是因为你表现给他们的肢体语言中包含了这类信息。当然，只注意这些根本不够，如果想更加完善和丰富你的肢体语言，可以从下面几点来做：

第一，面部表情。表情具有极其丰富的意义。人们都说眼睛是心灵的窗户，那么，心灵的外观就是脸，在你的脸上写着你所有的情绪——假如你不是一个能够控制情绪的人的话。无论如何，你能够且经常会通过表情传达更多的信息。

表情有喜怒哀乐，可对说话的人来说，一般情况下，微笑是最重要的表情，它是缩短你和对方距离的最简单、有效的方法。当然，根据你的说话内容，还可以加入更多的表情。

第二，身体的姿势。在讲话前，听的过程里，特别是在演讲的时候，假如你不得不面对对方坐下，你就一定要注意坐姿。不要东张西望，那不像是对对方的谈话感兴趣，而更像是一只动物在找一个可以躺下来过夜的地方。

在坐着的时候，不要摸自己的衣服或是什么别的东西，这样会让别人的注意力不集中，并且，别人会觉得你不稳重、缺乏自制力。因此，你一定要保持静止的状态，尽量控制住你的身体。

你要开始讲话的时候，无论你是坐着还是站着，都请把胸膛挺起来，这样会让你显得很有自信。你平时就需要这么做，不要等到面对听众时才这么做。

《高效率的生活》一书的作者罗瑟·古里柯在书中说道：现在，仅有不到百分之十的人能让自己保持在最佳的状态。由此可以看出，有很多人还没有意识到，身体姿态对于说话的重要性。他告诉我们，平时就需要留意这方面的练习，在说话的时候更要"让自己的脖子绷紧，紧贴住衣领"。

第三，手势。手是人类身体中最灵活的部分，手势就是手的表情，它让人类的肢体语言极富内涵。手势语言，是运用手指、手臂和手掌的动作变化来传递信息的一种无声语言，它是人类在漫长的进化历程中最早使用的一种交流工具。

它的使用范围非常广泛、灵活、方便、多种多样，不但可以辅助有声语言，而且，有时候甚至还能替代有声语言。因为这些，人们把手势语言称为人类的"第二语言"。

人们经常容易因为手势而犯错，因为它是最自由和最强有力的肢体语言。下面，我会着重讲述手势语言——你站着讲话时的手势。

在和别人讲话时，你应该怎么样利用好你的双手呢？在准备讲话的时候，你应该暂时忘记你的双手，你不必担心它会消失。它们应该保持一种最好的姿态——很自然地下垂在身体两侧。当然，当你需要的时候，你会想起来拿它们做出合适的手势。

相当多的人站着讲话时，要么手插在兜里，要么两手交叉背在后面，或者放在桌子上，就这样保持着一种姿势，这么做可以减少紧张感。这个时候，你一点儿也不用在乎要摆什么样的手势。

很多人都是这样做的，似乎这种姿势具有很大的诱惑力，就连伟大的罗斯福总统有时候也这样做。

我之前在授课的时候，就根据教科书里面所说的内容来辅导我的学员，使他们学会用各种各样的姿势。我养成了一些坏习惯，是因为我照搬了我的老师灌输给我的那些理论。我一辈子都不会忘记自己第一次讲课的情景：

老师让我把手臂自然地垂在身体的两侧，手掌往后，全部的手指卷曲成一半儿，大拇指触摸到大腿。接着，我把手臂举起来，画出一道弧线，这样可以让手腕优雅地转动。然后，我打开食指，再打开中指，最后是小指。当我把这套看起来非常完美的动作全部完成后，把手臂放下，然后再放到身体两边。

我用这套生硬的动作来教我的学员，事实上，它在我讲话的时候一点儿用都没有。

有一天，我看见20个人一起在做这样的手势，看起来显得非常可笑，他们就像打字机一样机械地做着这些动作。其实，除了一些经验以外，从来没有一套适合所有说话者的标准手势。所有人都是从自己的内心出发，并按照自己的思想和兴趣来形成独特的肢体语言的。你天生擅长的那一种，就是唯一有价值的手势。

手势是发自内心的，它和衣服完全不同，衣服可以穿上再换掉。一个人的手势，则是只属于自己的东西。

在说话的时候，政治家布莱安习惯于伸出一只手，让手掌摊开；格雷斯顿则常常拍桌子或踩踏地板，发出很大的声音；罗斯伯利则是把右臂举起来，然后使劲往下挥动。这些演说家的姿势强劲有力，非常自然，他们具有深邃的思想和坚定的信念。

行动的最佳表现正是自然和有活力。我们既不能邯郸学步，也不能太刻意地让自己做出一些姿势。

很多年前，我非常幸运地听到了吉普西·史密斯的传道，他让数以千计的人信奉了基督教。他使用的手势一点儿都不做作，非常自然。你也能用这种方式做出你的手势，只要你练习运用这些原则。

讲话者的气质、热情和个性，准备的情况，以及讲话的主题、对象和场合决定了这一切，所以，我不能举出任何法则让你去遵守。

既然已经这样了，那么，只有那些你内心的冲动和欲望才是最值得信任的，这些东西给了你最重要的指导，我们只要随心所欲地发挥就行了。不过，为了更好地提升说话的力度、塑造完美的形象，你还是应该注意以下几点：

1.不要老是重复同样一个手势，那会让别人觉得很枯燥。

2.别用肘部做出急促的动作，改用肩部来做这些动作，这样看起来要好得多。

3.不要太快结束手势的动作。

5. 学会运用更精致的语言

假如想要在辩论中获胜，你必须要改善自己的话语，使它更加有分量，让别人更相信你，因此，要采取各种各样更容易被人接受的方法，而这种方法就是一般所说的修辞。

假如你曾留意的话，就能够发现，律师能言善辩的原因，就是因为经常使用修辞语。

我们经常用到的修辞有以下几种，我在这里简单地说明一下。

第一，比喻。比喻主要是运用两者相似的地方进行比较，这样就会更容易被人接受，更生动形象，更具有说服力，也就让人更加明白。

第二，夸张。在说话的时候，你要是想强调一些观点，一个很好的办法就是适当地运用一些夸张。你有时候是否也会这样做呢？

如果你想让对方快一点儿，你也许会跟他说，"但愿你完成的时候，我还没变成'木乃伊'"。你们双方都清楚，你在这么短的时间内是不可能变成"木乃伊"的，不过，你却把这个事实明显给夸大了。

事实上，这种修辞方法会让别人考虑到，他的某些做法也许会造成严重的后果，这就好比用语言来刺激别人的神经。例如，你可能这样说："你这么做的话，就像是把潘多拉的盒子打开了。"而他必然也会明白你这么说的意思。

第三，反复。反复也是一种修辞方法，它以相同的节奏重复同一个意思。这种修辞方法不仅可以吸引听众的注意力，使他们明白你的主要观点是什么，还能够把你的主要思想和整个演讲融在一起，这些就是它的好处。

打个比方，一个演讲家这样去谈论某个部门：

"这个系统，它有着很差的公众服务，然而政府雇员的数量却远远超过了工厂。

"这个系统，它有一个爱管闲事的政府，时刻都想要干预你的商业事务和个人生活。

"这个系统，整个国家差不多一半的财政预算都被它给吞噬了。"

这个演说家通过这种反复的修辞方法使听众相信，这个部门的确有非常多的问题而需要改正了。

第四，引用。这种修辞方法是我们最常用到的，实际上，我们经常用"掉书袋"的修辞方法来加强说服力。经过事实证明，这种方法确实得到了很好的效果，在这本书里，我就总是引用著名演说家（例如林肯）和学员的故事来说明我的观点。

有时候，我们只是选择某人说过的一句话，甚至只是一个词，并没有打算引用一个冗长的故事。另外有一种情况也非常有效，那就是有时候我们引用一句古话（例如中国的古话）或者俗语来证明我们的观点。引用会使你的话更有说服力，而且简单有效。

第五，反问。当你阐述一个观点的时候，你觉得这就是事实，而且，你也许不需要听众回答你的问题。这样的话，你就会说："难道不是这样的吗？"这种修辞方式就是反问。反问常常被用在结论和过渡句中，这种修辞方法是为了吸引听众更加关注你的问题。

然而，反问实际上的作用要比这个更大，我们来看看下面的故事。

有一天，拿破仑对自己的秘书骄傲地说："你知道吗，布里昂，你要永垂不朽了。"布里昂不明白他什么意思，于是就问拿破仑为何这样说。

拿破仑说："你难道不是我的秘书吗？"

布里昂明白了，勇敢地对拿破仑说："请问，谁是亚历山大的秘书？"

拿破仑无法回答，于是称赞说："真是个好问题！"

你理解了这段对话的奥妙吗？拿破仑是想说，布里昂之所以会扬名四海，因为是自己的秘书。然而，布里昂却反问了拿破仑这样一句话，因为他自己不愿意靠别人出名。他问拿破仑这句话的含义是，伟人的秘书不见得就能出名。不过，布里昂没有直接反驳拿破仑的观点，而是用反问巧妙地表达了自己的看法，因为拿破仑是他的上司。

反问有时候能表达更多的意思。如果你想说服一个人，最好的办法就是举出例证进行反问，这样比直接辩论更有说服力，就像拿破仑的这位秘书一样。

第六，对比。同时列出两个相反或者相对的事物就是对比。对比的确能够让你变得雄辩，可以使本来平淡无奇的语句变得精彩绝伦。我们看一下《双城记》的作者查尔斯·狄更斯是怎样巧妙运用对比这种修辞手法的：

"这是最美好的时代，也是最糟糕的时代；这是智慧的时代，也是愚蠢的时代；这是充满信仰的时代，也是疑虑重重的时代；这是光明的季节，也是黑暗的季节；这是富有希望的春天，也是充满绝望的冬天；我们拥有一切，我们一无所有；我们都在奔向天堂，也都在走向地狱……"

听起来怎么样？是不是非常让人感动？你是不是也希望你的话里能够出现这么优美、这么能说服人的句子呢？你只要知道这种修辞方法有用并尽量去用就行了，而不用去管为什么它会出现这样的效果，这些问题可以交给心理学家或者语言学家去解答。

如果你要鼓舞大家快点儿完成任务，你就可以说："让我们开始行动吧，不要空谈。"

而当你看到大家在浪费粮食的时候，你可以提醒他们说："此刻这个世界上有很多在挨饿的人，虽然现在你已经是吃得很饱了。"

如果你想要更多的例子的话，你需要自己去发现和总结。

第七，排比。将三个或者三个以上相同的句式排在一起，但不是表达同样的意思，这就是排比。你以前也许看见过很多这样的例子。不管你要讲的内容是什么，排比对任何话题都适用，你总是能用得上这种修辞方法，这是它的独特优点。

林肯在他著名的葛底斯堡演讲中的最后部分，运用了三个排比。下面让我们来看一下：

"……我们在此下定决心，要让那些死去的人不至于白白牺牲；要让这个国家得到自由的新生；要让民有、民治、民享的政府不会从这个地球上消失！"

这三个排比对听众产生了非常大的感染力，使得本来平淡无奇的话语变得更加生动、有气势起来。

要想更好地表达思想，操控语言这门艺术，就需要掌握以上这些修辞方法。

因为这众多的修辞方法，才让你的表达变得更有说服力，你就不用因此而烦恼了。此外，你可以通过阅读相关的图书来学习更多的修辞方法。

第2章

如何让他人赞同你

1. 引导对方说"是"

詹姆斯·艾伯森察觉到，如果你能让那个顾客开始就说"是，是"，顾客便会马上忘记你们之间的争执，而且愿意去做你所建议他做的事情。

假如别人一开始就说"不"，有什么样的后果呢？我们来看一下《影响人类的行为》一书的作者阿弗斯特教授所说的一段话：

"最难克服的障碍就是一个'不'的反应。人只要一旦说'不'，他的自尊心就会促使他固执己见。当然，可能以后他会觉得说'不'是不恰当的，然而，他只要考虑到自己宝贵的自尊，他就会坚持到底。"

他接下来说，人的这种心理模式非常明显。当一个人说了"不"之后，假如他的内心也加以否定的话，他整个身体的各个组织就会协调起来，共同进入一种抗拒状态。

反之，假如他说了"是"，情况就会完全相反——这会有利于改变他的看法或意志，他的身体就会随之处在接纳和开放的状态，能让谈话朝积极的方向发展。

纽约格林尼治储蓄所的出纳员詹姆斯·艾伯森差一点儿就失去了一笔生意，但是，他用了使对方说"是"的方法挽回了这位主顾。

詹姆斯·艾伯森回忆道："那一天这个客户想要来开户，我先让他填一些表格，他愿意回答其中的一些问题，却不愿意回答另外一些问题。假如在以前遇到这种情况的话，我会跟这位顾客说，他要是不能提供这些资料的话，我们无法为他开户。这么说好像在表明：这里我说了算——那让我感觉很爽。不过，很显然，顾客往往会因为这样的态度产生不被重视的感觉。

"由于参加了训练班的相关课程，我想，还是不要跟他说银行的规定，而是谈谈顾客的需要。因此，我默许了他的做法。我对他说，那些他不愿意填写的内容并不是非填不可的。接下来，我开始引导他：'不过，如果你去世的话，你难道不希望把存在我们银行的钱转给你的家人吗？'

"他说：'当然希望。'

"我继续说道：'那你觉不觉得，你要是告诉我们你最亲近的亲属的一些资料，万一哪一天你去世了，我们就能够帮您准确、完满地实现您的愿望，这样不是很好吗？''是的。'他又说。

"如此一来，他的态度就完全转变了，最后，他终于相信了我们想要这些资料的目的是为了他好。他不但告诉了我他自己所有的资料，而且，还在我的建议下开设了一个信托账户，将他的母亲指定为受益人，还痛快地填写了和他母亲相关的详细资料。"

在对话中，人们常常会从自我出发，而忽略别人的心理。其实，想得到对方的肯定不难。人们永远希望自己的看法一开始就被对方同意，假如别人不同意，就急于想反驳对方，以此来得到对方的认同。他们可能觉得，这么做能够表现出自己的高明。但不幸的是，这种态度经常会得不偿失。因此，最好的方法就是，一开始就让对方说"是"。

有一位叫史密斯的富翁，住在西屋公司的推销员雷蒙负责推销的区域内。雷蒙和他的前任向这位史密斯先生进行了长达13年的推销公关，但是，史密斯直到最近才答应购买了几台发动机。不过，当雷蒙又一次去拜访他的时候，史密斯以这些产品太热，无法把手放在上面为由拒绝了他，并声称以后不会再订购西屋公司的发动机了。

雷蒙清楚，假如和他争辩的话，肯定会是徒劳的。然后，雷蒙决定运用让对方说"是"的方法来挽回史密斯先生。雷蒙对史密斯先生说:"我绝对同意您的看法,史密斯先生。您不应该再买我们公司的发动机,如果它确实过热的话。您花钱肯定不想买到热量超标的发动机,是吧?"

"是的。"史密斯说。

雷蒙接着说:"电工行会的规定是,一部标准发动机的温度不允许比室内温度高72华氏度,这您是知道的,是吗?"

"是的。但是,你的发动机却比这一温度要高。"史密斯说。

"你的工厂温度是多少?"雷蒙问他。

"75华氏度。"史密斯想了一下说道。

"那就对了,"雷蒙笑着说,"75华氏度加上72华氏度等于147华氏度。假如你把手放在147华氏度的水里,会不会被它烫伤呢?"

"是的,那肯定。"史密斯说。

"这样的话,"雷蒙继续说,"我劝您还是别把手放在147华氏度的发动机上面。"

"我觉得你是对的。"史密斯说。然后他们又谈了一会儿,最终的结果是,史密斯做出承诺,接下来的一个月订购西屋公司3.5万美元的产品。

雷蒙最后总结道:"我终于认识到,争辩不是聪明的方法。真正

取得成功的方法是，我们要站在对方的立场去想问题，要设法让对方说'是，是。'"

历史上赫赫有名的苏格拉底是位伟大的思想家，他也是一个闻名天下的老顽童，被称作"雅典的牛绳"，他完全改变了西方世界的思想进程，也是影响这个世界的伟大的劝导者之一。即使没有几个人能够做到他所做的事情，那么，告诉别人他们是错误的就是他的方法吗？显然不是。

他的方法是以对方肯定的答复作为辩论基础，这种方法被称为"苏格拉底辩论法"。别人都会赞同他提出的每一个问题。接下去，他会一直不停地提问，到后来，他的反对者会不由自主地发现，他们几分钟前坚决反对的东西，竟然是现在自己所得到的结论。

你觉得神奇吗？的确如此，如果你愿意的话，你也能够做到。非常简单，那就是，开始谈话的时候，记住要不停地让对方说"是"，千万别让他说"不"。

所以，在和别人交流的时候，你应该先强调你们都同意的事情，而且必须不停地强调，不要刚开始就谈论一些你们也许会有分歧的事情。

接下来，试着让对方知道，你们双方都在追求同样的目标，强调你们的分歧只是方法上的，而并非目标上的。你应该首先问一个温和的问题，一个能获得"是"的回答的问题，并时刻牢记这位"雅典的牛绳"给予我们的智慧和启迪。

中国有句格言充满了东方民族悠久的智慧："轻履者行远。"这句话有着很深的学问和极深的智慧，积累了非常丰富的人生经验。

所以，假如你想成为一个说话高手，请务必记得：引导对方回答"是"。

2. 别害怕请教别人

我们都愿意觉得，我们是自愿购买某种东西，或者遵循自己的意愿做事，没有人喜欢自己被迫买某样东西，或是被人命令去做某件事情。我们喜欢他人关心我们的愿望、需要和想法。

你想一下，你是不是更加信仰你自己发现的思想，而不是别人灌输给你的教条？你不会慷慨地接受别人的思想，哪怕它被放在一只名贵而精致的盒子里递给你。

没错，每个人都有这样的想法。既然是这样，你应该提出建议，再让别人自己去想出结论，这样是更为理智的做法。你想把你的想法强塞进别人的脑中，岂不是太过一厢情愿了？

我班上的一位学员鲁道夫·塞尔兹先生来自费城，有一次，他急迫地感到，有必要对一群沮丧而散漫的汽车推销员鼓鼓劲儿。于是，他召开了一次销售会议，鼓励他的员工说出他们对他的看法和愿望。当他们说这些的时候，他把他们的想法全部写在黑板上。

他接着说："我能够满足你们对我本人的要求。那么，我有权从你们那里获得什么？请你们告诉我。"

大家非常迅速地回答了这个问题：干劲，忠诚，主动进取，合作，乐观，以及每天8小时的热情工作。其中，有一个人甚至自己要求每天工作14个小时。这是个成功的会议，为大家带来了新的勇气和新的力量。

塞尔兹先生说："在我保证尽我所能时，他们也决定尽他们的能力。我和他们讨论他们的希望和愿望，这是他们需要的精神食粮。我们实际上是在做一种道德的交易。"

尤金·威森不知道损失了多少美元，才懂得了这一真理。

威森为一家画室推销图样，这家画室专门给时装设计师和纺织品制造商设计图样。威森曾经去拜访纽约一位最著名的时装设计专家，达到了三年内每周一次的程度。"他一直没有拒绝和我见面。"威森说，"不过，也从来没有买过我的图样。他老是认真地看着我的图样，然后说，'不好意思，先生，我想今天我们不能买你的东西了'。"

威森在经历了150次失败之后，终于明白哪里出了问题——原来，是他太墨守成规了，一直陷在以前的定式思维中。于是，他打算每周用一个晚上的时间来学习怎么与人打交道，努力发展新的推销观念，创造新的工作热情。

没多久，他获得了启发，开始尝试一种新的推销方法。他跑到那位设计师的办公室，拿了6张画家们尚未完成的图样。"我想请你帮个忙。"他说，"这里有一些尚未完成的图样，我想请教你的问题是，我们应该如何完成它们，才能让你满意？"

这位设计师默默地看了一会儿图样，然后接着说："你过几天再来吧，先把图样放在我这里。"

威森3天之后又去找他，听了他的很多建议，然后把图样拿了回来，并根据设计师的意见把它们修改妥当。最后怎么样呢？设计师一下子把它们全都买下来了。

刚才的故事发生在9个月前，从那时起到现在，这位设计师又买了几十张全部按照他的意见画的图样，这样他让威森赚了16000多美元。

"我现在搞清楚我这些年不能和这位买主做成生意的原因了。"威森先生说，"之前，我一直劝他买我觉得他应该买的。不过现在，正好相反，我让他把他的想法告诉我，这样，他就认为他在参与创造图样，而且确实是这样的。就算我现在不向他推销，他也会主动购买我们的图样。"

这种办法的确非常有效，**是否能让他们满心欢喜地接受你的意见，是能否说服别人的关键，**西奥多·罗斯福总统就是这样完成了一场改革。

当西奥多·罗斯福还是纽约州州长的时候，他强有力地推行了一些政府首脑最不喜欢的改革方案，完成了一项不同寻常的业绩。他是怎么做到的呢？

如果有重要的职位空缺出来了，他就让政府首脑们帮他举荐能担任此职位的人。罗斯福说："最开始他们可能会提供那种需要照顾的人，也就是一个软弱无能的'党棍'。我和他们说，委任这样的人公众是不会赞同的，这不是上策。

"接着，他们向我提出另一个碌碌无为的人，这也是一个无所作为的'党棍'，虽然他没什么可以指责的，也没有值得称赞的业绩。我就对他们说，这个人无法满足公众的期望。然后我让他们想想，能不能找到一个更适合这个职位的人。"

"他们给我提出的第三个人还算可以，不过，也不是特别优秀。然后，我感谢了他们，让他们再试一次。

"我接受了他们第四次提议的人，那正是我想找的人。我感谢了他们的帮助，并任命了这个人，我还把这委托之功算在他们头上。我对他们说，我是为了让他们高兴才这么做的，现在该轮到他们让我高兴了，而他们也那么做了。他们支持我的各个法案，这让我非常高兴。"

这项难以执行的改革方案被罗斯福用这种迂回的方式成功地推进了。

请记住，多向他人请教，尊重他人的建议，让他人认为完全是自己在主导着某个计划或想法——这就是说服他人的秘诀，也是你成功的秘诀。

《依靠自己》的作者爱默生在这篇文章中说："在天才的每一项创造和发明之中，我们都看到了过去被我们所排斥的想法。而当这些想法再次展现在我们面前时，却显得十分伟大。"

爱德华·豪斯上校在威尔逊总统执政期间，在国内外事务方面拥有非常大的影响力。威尔逊非常信任豪斯所提的秘密计划及建议——这方面，连内阁成员们都望尘莫及。总统是怎么样被豪斯上校所影响的呢？豪斯自己曾对亚瑟·史密斯说过，而史密斯又在《星期天晚报》披露了其中的玄机，所以，我们有幸知道了这个答案。

"认识总统之后，"豪斯说，"我发现，让他相信某一种观念的最好办法，就是在他的心中深植下这一观念，并巧妙地让他对这个观念感兴趣，让他经常思考。这方法第一次奏效实在是巧合。我以前去白宫拜访他，建议他推行某项政策，但是，他似乎不怎么赞成这种政策。然后，过了几天，在一次聚餐的时候，当我听到他把我的那个提议当作他自己的意见说出来的时候，我感到非常惊讶。"

豪斯是不是制止了他，说"那是我的意见，而不是你的"呢？显然没有。豪斯压根儿不会那样。他很精明，对在众人面前出风头根本不屑一顾，只追求办事有效率。因此，他让威尔逊继续觉得，那些意见是他自己琢磨出来的。不仅仅是这样，他更让威尔逊获得了世人的赞誉——就是因为公开了这些意见。

我们必须记住，在未来我们要接触的人，可能就像威尔逊一样，有着种种人性的弱点，因此，我们也可以采取豪斯上校的做法。

以下，是让人产生"神奇的"错觉的几点：

1.虚心向别人请教，让别人帮你出主意，并且，让别人认为那是他自己的主意。

2.让他主动地思考下去，你只要适时地提示，他就会得出和你一样的意见。然而，如果你这么做的意图太明显的话，他可能也会采取抗拒的心理。

3.在不经意间把一种意见移植到他的脑海中，是影响一个人最好的办法。所谓"润物细无声"，这样不断地暗示，你的意见就能变成他自己的意见。

3. 和他人建立亲密的友谊

1858年，当时，林肯正在竞选美国上议院议员，他要去伊利诺伊州南部的一些地方发表演讲，从而赢得那里的选票。但是，那些地方的人们对他非常不信任，甚至对他有仇视的心理，因此，要达到这个目的相当困难。

他们不喜欢林肯当选的理由是，林肯是一个废奴主义者，而这些地方的农场主却拥有大量的黑奴。这是一种非常尖锐的政见和利益的对立。他们甚至放出话来，一旦林肯要来，他们会马上杀掉他——当时，这些野蛮的当地人就算在大庭广众之下也带着短枪、利刃之类的武器。

面对这么大的危险，我们能够想到，林肯肯定是怀着巨大的勇气才做出决定的。最终，林肯前进的步伐并没有被这些威胁所阻挡，他说："我只要几分钟，就能说服他们。"

在演讲前，林肯和当地的一些重要人物都握了手，然后开始发表演讲：

"伊利诺伊的朋友们，肯塔基的朋友们，密苏里的朋友们！在我来之前，听到了一个谣言，说你们中间的某些人视我为仇敌。如果有的话，那么，这些人一定就坐在下面吧！但我不相信这是真的，因为你们没有理由这么做。因为我也是像你们一样，是从偏远清贫的农村中一步步奋斗出来的，我也是一个坦诚爽朗的平民。

"那么，为何我不能和你们一样发表自己的意见呢？朋友们！我了解你们，比你们了解我还要多！以后，你们就会知道我是怎么样的一个人。我并不想和你们作对，所以，你们也绝不会跟我作对的。现在，我站在这里，我们就已经是朋友了。我相信，你们会愿意和我交朋友的，因为我是一个没什么架子的人。我真诚地要求你们给我说几句话的时间。你们——你们这些无畏、豪爽的人们，一定不会拒绝我这个朋友的这点要求的。所以，现在，让我们开诚布公地讨论一下当前严重的问题吧！"

林肯讲完这段话之后，原来愤怒的人们都为他而喝彩。结果是，这里大多数的人后来和林肯交了朋友，他赢得了他们终生的信任。后来，林肯成了美国总统，也正是由于这些人的帮助。

　　林肯意识到，从不信任到信任的差距是非常大的。因此，他努力向他们说明：自己和他们之间没有遥不可及的鸿沟，他们之间也可以成为亲密的朋友。幸运的是，他做到了这一点。

　　人与人之间交往的基本前提是信任。假如没有信任，就算人们在互相谈话，也不能算是真正的沟通。

　　以前，我受一家公司的委托，请我的一位学者朋友为他们帮忙。最初，看起来事情似乎进展得很顺利，然而，就在开始工作的前几天，公司的相关负责人给我打电话说，不知道为什么，这位学者突然不想为他们公司工作了。公司那边答应，宽限他的上岗日期、减少工作时间、增加工资，对他进行了苦口婆心的劝说，他却始终拒绝接受。

　　我打算搞明白，到底是什么使这位学者改变了态度，然后就和那位负责人一起去拜访他。他和我见面后还是非常热情，而且和我谈了很多。但是我认为，他所说的和这件事本身没有太多联系。

　　然后，我开门见山地问他拒绝为这个公司服务的原因。他列举了几个理由，不过，我觉得，其中最重要的是，他担忧公司方面能不能顺利履行这个合同，还有与公司配合的默契度。

　　听到这些，我认为，接着对他进行说服已经没有太大作用了，所以就和他告别了。回家的路上，我和那个负责人说："我不知道他怎么会对你们公司产生这种感觉，不过，你们必须要做的是，再次得到他的信任。在这之前，所有的劝说都是没有用的。"

第二天，那位公司负责人给我打电话，告诉我那位学者的态度已经改变了。

事情是这样的，他知道学者要乘飞机出一趟远门，因此，在离开学者家后又回去了，而且叫了一辆出租车等着这位学者，然后送他上飞机。这种真诚的态度打动了学者，得到了他衷心的信任。此外，负责人还利用空闲时间告诉学者，他们愿意提前履行合同中规定的公司义务。这些举动都让学者感到很温暖，答应回来后马上就去公司上班。

因为这本来就是一个鱼龙混杂的社会，所以，我们不能责备这位学者出尔反尔或者太势利。各种各样的人和事情，都在这个世界里非常积极地活动着，真相、假象、真诚、虚伪……不信任感在人们的心里一直占据着一席之地。所以，人与人之间已经不再是单纯的相互合作的关系了，而是加入了相互竞争、相互欺诈的成分。

有时，这会让我们不知所措，我们无法想象一个对我们心存戒备的人会听从我们的建议。那么，到底如何才能赢得别人的信任，让他们听取我们的劝告呢？

在你为这个问题烦恼的时候，请不要担心。事实上，虽然我没有在本书中直接教给你这种办法，不过，在每一章中，都有一些说话技巧和沟通的方法，这些已经足够帮你赢得别人的信任了。

如果你能按照我说的方法去做，那么，别人一定会觉得你十分真诚，且值得信赖。

4. 用建议替代命令

这段时间，我非常幸运地得到了和美国著名的传记作家伊达·泰波尔小姐一起就餐的机会。我和她说，我正在进行写作，然后，她开始和我讨论"为人处世"这个问题。她对我说，她在写杨·欧文的传记时，访问了一位先生，他之前与杨·欧文在同一个办公室共事3年。

此人说，在很长的时间里，他从来没有听到过杨·欧文对什么人下达过直接的命令。他从来不"命令"，总是"建议"。比如说，杨·欧文总是说"你可以考虑这个"或"你觉得那样合适吗"，他从来没有说过"去做这个，做那个"或"别做这个，别做那个"。

当杨·欧文看完他的助手写的信后，总这样说："也许，这样措辞会更好些。"在他口述一封信后，他总这样说："你觉得如何？"

他从来不告诉他的助手该怎么去做事，他总是给别人机会亲自动手做事。他叫他们自己去做，让他们从自己的错误中学习、提高。

不强硬地命令对方，而是去建议别人，不但可以维护一个人的自尊，给他一种自重感，而且可以让他产生不对立情绪，让他更愿意与他人合作。

与此同时，用这种办法，还能让人更好地改正缺点和错误。而现实生活中，就算纠正的是一个非常明显的错误，一些长者的粗暴态度所引发的当事人的愤怒情绪，也会持续很久。宾夕法尼亚州威明市一所职业学校的老师唐·斯坦瑞利说了这样的一件事：

学校的大门因为一位学生的违章停车而被堵塞了，一个老师冲进教室，用极为严厉的语气问道："是谁的车把大门堵住了？"

那个学生起来说是他，然后那位老师火冒三丈地说："你要是不赶快给我把车开走的话，我就用铁链绑上它拖走！"

汽车不应该停在大门口，这个学生确实是做错了。但是，从这件事以后，不光是这个学生对那位老师的举止感到很生气，这位老师以后的工作也很不顺利，全班的学生老是制造一些麻烦给他造成不便。

假如他以友善一点的口气问门口的车是谁的，并建议说："如果你把它开走的话，那别人的车就可以自由出入了。"这样，他完全可以用更好的方式来处理这件事。我觉得，这个学生肯定也会很配合地把车开走，而且，他和同学们也都不会那么生气的。

就算你是上司或长者，对你的下属或晚辈，你也最好别用粗暴的态度说话，否则的话，你所得到的只能是激烈的对抗，而不是合作。同样的，采取建议的方式，能够让客户更好地接受和采纳你的意见，根据你的要求来做，并满足你的需要。

因此，**如果你想说服别人而不伤感情和引起反感，就要注意你说话的语气，改变说话的态度，你可以换一种方式来提出你的要求：不要直接下命令，而是建议对方。**

美国最富口才的牧师、演说家亨利·华德·毕切尔在1887年3月8日离世了。一周之后，那些因毕切尔去世而伤心不已的牧师邀请莱曼·阿伯特进行演讲，借以悼念毕切尔。莱曼·阿伯特却急于获得成功，多次改了演讲词。

然后，他把演讲词读给妻子听，但他的演讲词写得并不好，可以说真的很差劲。假如他的妻子没有见识，她也许会这样说："莱曼，太糟糕了，这肯定不能用。那些听众听了以后肯定会睡着的，那些话听起来就像读一本百科全书。""你有这么多年的传道经验，应该写得比这要好啊。""天哪！你怎么就不能像一个普通人那样去讲呢？你不能自然点儿嘛？""你要是念了那篇东西，肯定是拆自己的台。"

假如她这么说的话，可想而知结果会是怎么样。是的，她明白这样的结果。因此，她换了一种方式："亲爱的，这篇演讲词要是寄给《北美评论》的话，一定是一篇非常棒的文章。"

当然，妻子的意见被莱曼·阿伯特满心欢喜地接受了，你觉得他真的会把自己的演讲稿寄给《北美评论》吗？当然不。阿伯特撕碎了他精心准备的底稿，后来甚至都不用大纲了，他选择非常自然地进行演讲。

阿伯特当然知道妻子的意思，她称赞了他的演讲词，同时又很巧妙地对丈夫进行了暗示，不要拿这篇演讲词去演讲，这只会贻笑大方。因此，他按妻子的意思去做了。

如果不注意说话的方式，就算你完全是出于好意，你的苦口婆心也很有可能被全盘否定。请永远别忘了这一点：**绝对不要严厉地命令对方，无论你有多么充足的理由。诚恳地建议对方，控制住自己的情绪，往往会产生非常好的效果。**

5. 让别人有说话的机会

假如你不同意他的观点，你也许会想阻止他，那会是很危险的，千万不要这么做。他绝不会注意你的观点，因为他还有很多意见急于去发表。因此，要耐心一点，以广阔的胸襟去倾听，要真诚地激励对方充分地发表他的意见。

费利普阿穆说过："比起成为大资本家，我更愿意成为一个说话高手。"我们暂且相信他说的话——他的意思不是说他不想有更多的钱，而是他觉得，成为有钱的资本家，并不比拥有高超的说话技巧让他更快乐，或者，成为一个说话高手将更容易使他成为有钱人。

确实，每个人都想成为说话高手。一切获得快乐的手段，都比不上随心所欲地表达自己的想法更令人开心。我认为，假如让林肯选择，是做一个不会说话的天才，还是做一个有着卓越口才的普通人的话，他会更倾向于选择后者。但是所幸，他两者都同时具有。

不过，像林肯这样的人毕竟是少数，就算仅是作为一个伟大演说家的林肯，而不算他所具有的其他杰出的才华，也是凤毛麟角。每天都为说话而苦恼的人，还是占了大多数。

多数人并不是说话高手，要是大家都是说话高手的话，我觉得这个世界会变得更加美好。这些人中，有的在谈判桌上败下阵来，有的不能向朋友清楚地表达自己的感受，有的由于无法和妻子沟通而导致家庭破裂，更多的则是兼而有之。

开始的时候，那些卡耐基口才训练班的成员经常问我这样一个问题："怎么样让自己成为一个说话高手，而不只是会说话而已？"

几年前，美国最大的一家汽车制造公司之一，正在讨论订购下一年度所需要的汽车坐垫布。三个重要的厂家已经做好了垫布的样品。汽车公司的高级职员已经对这些样布进行了检验，并通知各个厂家：公司在最终确定申请方之前，各个厂家的代表可以在某一天以同等的条件参与竞争。

其中的一个厂家的业务代表R先生到达时，他正患有严重的喉炎。"在我参加高级职员会议时，"R先生在培训班上谈到他的经历时说，"我嗓子哑了，根本发不出一点儿声音。有人带我到一个房间里去，我和采购经理、推销经理、纺织工程师还有公司的总经理当面交谈。我想站起来说话，但是，我只能发出嘶哑的声音。他们都坐在一张桌子旁边，然后，我在纸上写下：我的嗓子哑了，我无法说话。

"'我来替你说吧。'对方的总经理说。他的确在替我说话。他向其他人展示了我的样品，并赞扬了它们的优点。大家根据我样品的优点，开展了一场热烈的讨论。

"因为那个总经理代替我说话，所以，在这场讨论中，他始终站在我这边，而我在整个过程中只是点头、微笑，还有做几个简单的手势。

"这次特殊会议的结果是，我获得了这份合同，这是我获得过的最大的一份订单，总价值为160万美元，和对方签订了50万码的坐垫布。我明白，要是我那天嗓子没有哑的话，我也许会失去那份合同，因为我对整个情况的理解是错误的。我通过非常偶然的事情发现，给别人多说话的机会是多么的有益！"

如果你希望别人买你的商品，最好的办法就是让他们自己说服自己，这就是交易成功的关键。在很多环境下，你要让顾客在心里觉得，你的商品确实很有优势，从而主动来买你的商品，而不是直接向他们推销你的商品。

许多人之所以无法说服别人，正是因为话说得太多了——他们总是急切地让对方采纳自己的意见。

你要明白，有时候，说太多和不说话的效果基本上是一样的。很多人都想让别人同意他们的观点，但是，他们自己说的话却太多了。你会比他们自己更了解他们吗？如果不是的话，那为何不让对方自己说出来呢？因此，你要想使你们的交流更加有效果，就要在必要的时候，向他们提出一些问题，让他们告诉你一些事情。

要是你不同意对方的观点，你也许想去反驳他。这是非常危险的事情，千万不要这么去做。当他急于把自己的观点表达出来的时候，他是不会注意到别人的观点的。在这种时候，你就要听听他有什么观点，鼓舞对方充分地表达自己的观点。

不只是在商业领域，让对方说话在别的方面也起到了它的作用。例如，它可以帮你解决家庭中的一些矛盾。

卡耐基训练班的学员芭芭拉·威尔逊，和她的女儿劳拉的关系最近迅速恶化。劳拉从前是个非常乖巧和听话的孩子，然而，在她十几岁的时候，她和母亲产生了很多矛盾，变得处处不想和母亲合作。威尔逊夫人企图通过各种各样的办法威吓、教训她，可是，都没有任何用处。

"我几乎放弃了所有的努力，她压根儿不听我的话。有一次，她没有做完她的家务活，就去找她的朋友玩。她回来以后，我骂了她。

我的耐心已经耗尽了。我难过地对她说：'劳拉，你怎么变成了现在这个样子了啊？'

"我的痛苦似乎被她看出来了。她问我：'你很想知道原因吗？'我点了点头。然后，她和我说了一些以前从来没有告诉过我的事情，我老是命令她干这干那，从来没有考虑过她的意见，当她想跟我谈心的时候，我却总是不想听⋯⋯

"我开始意识到，其实劳拉非常需要我，她想要倾诉她的烦恼，但她希望我是她的一个亲密的朋友，而不是一个爱发号施令、武断急躁的母亲。而在之前，我从来没有考虑过这些。

"从那之后，我开始让她说她想说的一切，我也非常认真地去倾听。于是，我们成了好朋友，我们的关系得到了大大的改善。她有什么心事都会告诉我，她再次变成了一个愿意合作的孩子。"

我们都没什么了不起的，所以，我们更应该谦虚。我们有一天都会死去，在一百年以后，根本没有人会记得我们。

生命这么短暂，我们不应该老是想着自己那点小小的成就，趾高气扬，不听人言，变得让人生厌。反过来，我们应该鼓励别人多说话。

第3章

如何做到更为顺畅地沟通

1. 不去辩解才是高明的做法

要想得到辩论的最大胜利，天下间只有一种办法，那就是避免去辩论，就像避开毒蛇和地震一样。本节中，我要讲述的观点就是这个。

在第二次世界大战结束后不久，我在伦敦得到了一个相当重要的教训。那时，我成了澳大利亚飞行家詹姆斯的经理人，他在大战期间成了一位举世闻名的人物。有一天晚上，我参加了欢迎詹姆斯的聚餐会。在吃饭的时候，一位坐在我右手边的先生向我们讲述了一段幽默的故事，这个故事证明了这样一句古老的格言："谋事在人，成事在天。"不过，这位先生把这句话的出处记错了。

他说，这句话出自《圣经》。但是，我正好知道，莎士比亚的作品中有这句话。然后，为了炫耀自己，我令人厌恶地、没有多想什么就指出了他的错误。但是，那个人却很固执地说道："什么？那句话出自莎士比亚？不可能，这绝对不可能。"他当时充满了自信，对自己的说法坚信不疑。

当时，我的老朋友加蒙就坐在我的左手边，他是研究莎士比亚的权威。我们谁对谁错，可以由加蒙来做决定。加蒙在桌子底下碰了一下我的脚，然后说："你是错的，卡耐基，这句话确实是《圣经》里的句子。"

聚会后，我们一起回家。我埋怨加蒙说："你为什么要和我说不对呢？你明明知道那句话是出自莎士比亚。"

"是的，完全正确，"加蒙说，"那出自莎士比亚的《哈姆雷特》第五幕第二场中的台词。但是卡耐基，为什么我们必须找出一个证据，去指责别人的错误呢？既然我们都是这个聚会上的客人，你为什么不能给他留点儿面子呢？你这样做，怎么能让别人对你产生好感呢？他不想知道你有什么看法，也不想征求你的意见，你又何必去和他争辩呢？你要记住，永远都不要与他人发生正面冲突！"

我会永远记住这句话："永远不要和他人发生正面冲突"，即使说这句话的人现在已经不在这个世界上了。

这个教训给了我非常大的震撼。从前，我是一个非常固执的人，从小就喜欢和人家辩论。上大学的时候，我迷上了逻辑和辩论，经常参加各种辩论比赛。后来，我在纽约教辩论课，甚至还打算动手写一本关于辩论的书。

如今，我只要想到这些事，就会觉得很惭愧。那天过去以后，我又去听了上千次辩论，而且，格外注意每次辩论会之后所产生的影响。我获得了一个结论，也是一个真理：如果想得到辩论的最大胜利，只有一种方法，那就是避免辩论，就像避开毒蛇和地震一样。

我还发现，在辩论之后，大多数人还是会坚持自己的观点，认为自己肯定是正确——你无法赢得争论。如果输了，你肯定也就输了；不过就算是你赢了，你还是失败的。这是什么原因呢？

如果你赢了对方，把他反驳得哑口无言，证明他一无是处，那又能怎么样呢？你可能会沾沾自喜，然而他会怨恨你的胜利，因为他受到了差辱。他就算口头认输，但心里肯定不服气。

正像睿智的本杰明·富兰克林经常说的："**假如你喜欢和人争执，以反驳他人意见为乐趣，你也许能赢得暂时的胜利。不过，这种胜利根本就没有意义和价值，因为你永远无法获得他人的好感。**"

因此，你自己需要认真考虑好：你是希望得到一个人的好感，还是要一个毫无实质意义的、表面上的胜利？记住，你无法两者兼得。

避免争辩是巴恩互助人寿保险公司给他们的职员定下的一条规定。他们觉得，就算是最常见的意见不一致，一个好的推销员也不应该和顾客争辩，要尽量避免。原因是人的想法是最不容易改变的。

玛度在威尔逊总统任职期间担任财政部长一职，他用他多年的从政经验教给人们一个道理：**"我们绝对无法用争论来使一个无知的人心服口服。"**

假如让我来说的话，我觉得不只是无知的人，你别想用辩论改变任何人的想法。

只有爱才能止恨，恨永远没法止恨。所以，争论没有办法解决误会，而必须要靠一定的外交手段和给予别人的认同来解决。

有一次，一位和同事争吵的军官被林肯这样训斥道："一个成就大事的人，不要处处和他人计较，也不要去浪费大量的时间和他人争论。尽可能对别人谦让一些，无谓的争论不但会有损你的修养，而且会让你失去自控力。"

林肯的这句话应该作为你的行动准则。因此，成为说话高手的前提就是要避免与人争论。

争辩只会对自己不利，在与人交谈的时候，要时刻提醒自己记住下面这些要点：

1.即使是不露声色的争论，也不是真正的推销术。因为人们的想法不会随着争辩而有所改变。

2.在你决定开口争辩以前，想一下对方说的也的确有道理。

3.有时候真理并不是越辩越明。

4.不要直接说出他人的错误，这也许会给你带来一场无聊的争辩。

2. 绝不要当面指责别人

不管你用什么办法指责别人，指出他错了，你觉得他会同意你吗？肯定不会的！因为你伤害了他的感情，就算你搬出所有柏拉图或康德式的逻辑和他辩论，也无法改变他的看法。

永远别这么说："我要向你证明什么……"这样只会把事情搞砸。因为，那其实是在和他说："我比你要聪明，我该告诉你怎么做，让你改变你的看法。"这样是一种挑战，使对方甚至不想听你下面的话就会和你争论起来，这只能引起争论和反抗。

西奥多·罗斯福入主白宫时，他就坦白说，要是能有75%的时候不犯错误，就达到了他的最理想标准。假如这位20世纪的伟大人物的最高期望也只是这样的话，那更不用说你和我了。

假如你确定有55%的正确率，那么，你就可以去华尔街，一天赚100万美元了。要是你没有这样的把握，你又怎么能说别人错了呢？

我在研究青年时代的林肯的时候，惊讶地发现，胸襟宽广的林肯最初居然是一个以指出他人的错误为乐的人。他在年轻时，很爱对他人进行评论，而且常常写信嘲讽那些他觉得特别糟糕的人。

他经常直接把信扔在乡间路边，别人散步的时候就很容易看到这些信。就算在他当上了伊利诺伊州春田镇的实习律师之后，他还经常在报纸上攻击那些反对者。

林肯在1842年的秋天经历了一件让他刻骨铭心的事情。当时，他为了嘲弄一位自视甚高的政客詹姆斯·希尔斯，写了一封匿名信发表在当地的日报上。这封信使希尔斯遭到了全镇人的嘲笑。希尔斯非常愤怒，非要查出是谁写的。最后查到，写信人是林肯。

他要求与林肯决斗，以此来维护自己的声誉。林肯本来不喜欢决斗，不过被逼无奈，只好答应了。他把骑士的腰刀作为自己的武器，而且让一个西点军校的毕业生来教他剑术。

在接下来的时间里，由于他指责了对方，从而导致了他一直处于一种非常愧疚和自责的状态。他就在这种心态下，等候着那惊心动魄的时刻到来。幸运的是，在决斗开始前的一刻，有人出来制止了这场决斗。

因为指责别人而被迫和他人生死相争，这是多么愚蠢的事情啊。林肯下定决心，以后绝对不会再做这样的事情了。他不再写信指责他人，也不再为了什么事情嘲笑他人。

美国内战期间，林肯多次调换了波多马克军的将领，然而，这些将领却接连犯错。人们无情地指责林肯，说他不会用人。林肯并没有因此指责这些将领，而是一言不发。他说："假如你指责和评论别人，别人对你也会这样。"他还说："别责怪他们，要是我们的话，大概也会这样的。"

内战中最重要的一次战役，是开始于1863年7月3日的葛底斯堡战役。南方军的领导人罗伯特·李将军7月4日带领他的军队往南方撤退。他率领他的败兵逃到了波多马克河边，波涛汹涌的河水横在他的前面，乘胜追击的政府军在他的身后。

对北方的军队来说，这根本就是天赐良机，可以一举歼灭李将军所有的部队，然后快速地结束内战。林肯命令米德将军迅速出击，和他说不用召开紧急军事会议。

为了确保下达命令，他不但用了电报下令，而且还派了专门人员把口信传达给米德将军。最后呢？米德将军依然召开了紧急军事会议，并没有按照林肯的命令行事。他故意拖延时间，甚至拒绝攻击李将军。最终，李将军和他的军队顺利渡过了波多马克河，得以保存了实力。

当林肯听到这个消息后，勃然大怒，他从来没有这么生气过。他写了一封信给米德将军，信是这样写的：

"亲爱的米德将军：我无法相信，你也会对李将军逃走这件事感到遗憾。那个时候，他就在我们的眼前，胜利也就在我们的眼前。但是现在，战争必然要继续进行。你在当时不能擒住李将军，现在，他已经到了波多马克河的南边，你要如何取得胜利呢？我不期待你能做得多么好，也不期待你能成功。机不可失，时不再来，我对此感到深深的遗憾。"

你可以想象一下，米德将军在读这封信时会是什么表情。然而，也许会让你感到意外的是，他压根儿就没有收到这封信，因为林肯并没有把这封信寄出去——人们是在一堆文件中发现它的。林肯是忘了寄这封信了吗？这是难以想象的。大家都知道，这是一封非常重要的信件。

事实是，林肯写完这封信之后，并没有马上寄出去。他说："当然，可能是因为我太心急了。我坐在白宫里，肯定可以看得更加清楚，也更加能够从容指挥。不过，假如我在葛底斯堡的话，每天看到的是因伤痛而哭号的士兵，或是成千上万阵亡者的尸骨。或许那样的话，我就不会急于去对李将军进行攻击了。我肯定也会像米德将军一样畏缩的。如今，事情已然发生了，我们只能承认它。至于这封信，假如我把它寄出去的话，我想不会有其他任何的好处，除了让自己感到愉快以外。反之，它会让我和米德将军反目，逼迫他离开军队，或是葬送他的前途。这是我们都不想看到的。"

然后，林肯把那封已经封好的信放在一边。因为他认为，批评和指责的效果等于零。

林肯总统给我们树立了一个榜样，他从之前爱指出别人的错误，到后来变得这么宽容，可以说，他整个人发生了巨大的改变。他用自己亲身的经验教导我们：永远不要指责别人的错误。

苏格拉底在雅典时，也反复告诫他的门徒说："我只知道一件事，那就是我什么也不知道。"我尽量避免说别人错了，因为我不敢奢望比苏格拉底更高明。我发现，这样做非常有帮助。

如今，我已经不像从前那样轻易就确定任何事了。20年前，我差不多只相信乘法表。现在，我开始怀疑爱因斯坦的书里所说的东西。而20年后，也许我也不再相信这本书里的话了。

实际上，大多数人都犯有主观的、偏见的错误，不会进行逻辑性的思考。多数人都有妒忌、猜疑、成见、恐惧以及傲慢的心理，他们的判断会被这些心理所影响。

柏拉图曾经对人们说过这样一个方法："当你在教导别人时，不要让他发现你在教导他。指出人们所不知道的事情时，要让他感觉到，那只是提醒他暂时忽略了的事情。你只能告诉他怎么处理这种事情，不可能教会他所有的东西。"

英国19世纪著名的政治家查斯特菲尔德这样对他的儿子说："假如可能的话，你应该比别人更聪明，不过，你不能对别人说你更聪明。"

当然，假如一个人说了一句绝对错误的话，你也可以指出来，如果指出来对你们的交流会有好处的话。不过，你应该这样说："哦，原来是这么回事啊。但是，我还有另外一个办法，我也许不对——我一直在犯错误。假如我错了，请您一定指出来，不必客气，看看问题出在哪儿。"

就算在平和的情况下，改变一个人的主意也不容易，更不用说在其他情况下。当你想要证明什么时，你完全不用大声声张。你需要让对方在不知不觉中接受你的观点，要讲究一些策略。你可以用像"我或许不对""我有别的想法"这类话，这样的确可以收到神奇的效果。不管什么时候，不管在哪里，没有人会反对你说"我可能不对，让我们看看哪里出了问题"。

《决策的过程》的作者詹姆斯·哈维·鲁滨逊教授写了下面一段话，我们能从中得到启迪。

"我们会在无意识中改变自己的观念。这种改变完全是潜移默化而不被我们自己注意的。不过，只要有人来指正这种观念，我们一般会大力地来维护它。很明显，这并不是因为观念本身的可贵，而是因为我们的自尊心受到了伤害……

"我们总是愿意相信我们所习惯的东西。当我们所相信的事物被怀疑时，我们就会产生反感，并努力寻找各种理由为之辩护。结果如何呢？我们所说的理智，以及所谓的推理等，就变成了维系我们所习惯的事物的借口了。"

我们在听到别人说话的时候，第一反应经常不是尽力去理解这些话，而是进行评断或进行评价。当别人说出某种态度、想法或意见的时候，我们总是会说"不错""正常吗""太可笑了""这太离谱了"等评论性的话，而我们却不想去了解说话人说这些话的意义。

在这种情况下，我们获得的判断可靠吗？肯定不可靠。我们没有资格对别人指手画脚，因为我们自己都不能确信自己就是对的。

在这一节中，我没有新的观念可以讲的。

差不多4000年前，古埃及国王阿克图告诉他儿子一个精明的忠告："**谦虚而有策略，你会无往而不胜。**"我们好像也能这样理解：你需要讲究一些策略，别再和你的顾客或你的丈夫争论了，别再指责他错了，别刺激他。

因此，要是你想成为一位说话高手，要记住：千万不要指责别人的错误，要尊重别人的意见。

当你想和他人争辩时，最好想一想：

1.争辩不会给你带来任何好处，只是逞一时之快而已，只能使你得不偿失。

2.你可以对他人的意见不赞同，但是你也要想一想，别人也可以不同意你的意见。

3.不一定要根据自己的原则判断他人的对错，可以尝试用他人的原则，设身处地地思考一下。

4.在你指出别人的错误以前，想想这么做有没有好处。

3. 永远不要对别人颐指气使

乔士得是俄克拉荷马州一家工程公司的安全检察员，他的工作是检查工地上的工人是否戴了安全帽。

刚开始的时候，当他看到没有戴安全帽的工人时，他会马上过去批评这些工人，然后命令这些工人马上戴上。然而，这种办法收到的效果不理想。他在的时候，工人会戴上安全帽，不过他一走，他们马上就把安全帽再拿下来。

乔士得认为自己的方法不奏效，然后打算采取别的方法。当他看到有的工人没有戴安全帽的时候，他就面带笑容地来到他们面前，问他们是否觉得戴上安全帽以后头会不舒服，帽子的大小是否合适；接着他会告诉工人们安全帽的重要性，劝告他们为了自己的安全，应该把安全帽戴上。最终，这种办法收获了很好的成效。

工人们前后两种不同的反应，来自于前后两种不同的做法，这就是人们的心理在起作用——排斥被人指使的态度和命令。

乔士得采用的第一种强势的方法，命令和指使工人们怎么去做，结果是工人们不爱听乔士得的指使，这是他失败的主要原因。而后来，因为他没有指使工人们怎么去做，所以，成功地说服了那些工人。

我的身边也发生着同样的故事。一年夏天，我和一个朋友开车前往法国的乡下游玩，但是却迷路了。我们只能停下了车子，找一群当地人问路。

我的朋友是一个性格张扬的人，他走过去，差不多是对他们吼着——从几十米外都听得很清楚——说："喂，去某镇怎么走？"

过了几分钟，我的朋友走了回来，和我抱怨说，这里的农民一点儿也不热情，也很没有礼貌。我当然明白是什么情况，然后，我面带微笑走向那群农民，把帽子摘下对他们说道："我想请求你们帮个忙，我遇到了一个麻烦，请问，去某镇怎么走？"

结果，他们很快就告诉了我十分准确而详细的答案。他们回答得快速而有礼貌，显得很热情。他们说完后，我跟他们说了"谢谢"，而他们也邀请我去他们家做客。我答应下次有机会再去他们家，因为我还要着急赶路。

我为什么会受到他们的欢迎？对于这一点，我的那位朋友非常不理解，我回答道："没有人喜欢受到指使。"

你可能会说这只不过是礼貌问题。没错，礼貌的确说明了问题，不过，这绝不只是礼貌的问题，更多的是那种没有礼貌的语气给人的感觉，好像你在对他人发号施令一样。事实上，没有人喜欢听从别人的指使，没有人喜欢自己的行为、思想受他人的控制，这是人的本性。

我班上有一个女学员叫道娜，她是一家公司的经理助理。一天，有位客人来了公司，新上任的经理接待了她。像从前一样，道娜正要给那位客人倒水，但是，突然间经理却对她说："去，倒杯水！"道娜却随口接道："我要去一下洗手间。"

我们身边也常常发生这种情况，例如，你在酒店里就可能会遇到，虽然服务员好声好气答应你，但是，你要的水还是迟迟不来。你可以投诉他服务态度差，不过，那样对你自己也不太好。

那么，为什么你不可以换种口气来说呢？你可以这样对她说："你能给我打壶水来吗，我现在需要一壶水。"她肯定会很愿意为你服务的。这样做的话，你有什么损失吗？

当我们在说服别人的时候，我们也通常像在指使别人，"你应该这样做……"或是"你这样想才是对的……"就算我们有时候并没有那种权威，却经常使用那种命令或强迫的语气。所以，你应该让你的语气更温柔、委婉一些。

很多领导都喜欢指使下属做这做那，似乎他们想要用这种方式体现自己作为领导的权威。而且，他们并没有意识到这有什么不妥的，因为多半的领导都在这么做。

就算对于大多人而言，当一些人犯了错误的时候，我们也经常会以一种居高临下的姿态对他进行说教，指出他应该如何做，而对方也非常可能会为了维护自己的尊严而拼命和你争论。

我们明白，在这样尖锐对立的情形下，任何人都没有办法说服对方。所以，最佳的方法就是维护对方的尊严——换一种方式指出他的错误，指引他应该怎么做。

一批新兵最近进入了美国的一个新兵营里。这些新兵具有坚强的毅力，但他们很难改变自己的一些习惯——那些坏习惯。

教官慢慢发现，自己不适合和这些文化程度不高的新兵讲大道理，当然，更不适合用强迫或命令改变他们的不良习惯——那样的话你会遭到他们暴怒的反抗。教官们想了很多办法来改变他们，想让他们成为合格的军人，但是都没有什么成效，他们为此大伤脑筋。总而言之，这些士兵固执地认为，不需要别人来指导自己怎么做。

最后，教官们对士兵们说，他们应该往家里寄一些信，免得让家人挂念。为此，教官们印发了一些信件，以供士兵们参考。

这些参考信的大概内容是说：他们已经在军队中改正了以前的很多坏习惯，培养了良好的生活习惯，请家人不用担心……当新兵们写完信寄出去后，发生了奇怪的事情：这些曾经冥顽不化的士兵渐渐主动克服了从前的坏习惯，每个人都变得精神焕发、守纪律、讲卫生了，最终，他们都成了合格的军人。

用请求代替指使，可以让人高兴地执行；用建议代替指使，可以让人信服；用商量代替指使，有人会主动承担责任；用赞美来代替指使，他们会用行动来证明你是对的。

既然指使别人对于达到我们预期的目的没有任何效果，既然有这么多的方法可以代替指使，那么，我们为什么不试着换一种方式呢？

千万别用颐指气使的语气说话，免得让人产生反感的情绪。请记住以下几点：

1.无礼的命令只能导致长久的怨恨——就算这个命令能够拿来改正他人明显的错误。

2.利用各种有效的技巧去代替指使，重要的是使你的下属获得你的尊敬。

3.惯于指使他人的结果是，因为他是被迫做这件事情的，所以，他不会很好地完成你的命令。

4.不要针对一个人来发表你的意见。假如你要说服他，需要针对的是事情，而不是人。

4. 不要期望别人的感恩

最近一段时间，我遇到了一个内心充满了愤慨的人。有人告诫我，看到那个人最好躲起来，不然要不了15分钟，他就会没完没了地提到那件事。果然是这样。他每次提起来都会无法控制地生气，虽然那件事已经过去了11个月。除了那件事，他的生活中几乎没有别的事可以说了。

他给34个员工发了1万美元的圣诞节奖金，每个人平均可以拿到300美元。出乎他意料的是：没有一个人为此而感谢他。因此不管见到谁，他都会一直抱怨："我居然给他们发了奖金，我真的很遗憾。"

因为他做了一件自认为应该得到感激的事情，最后却没有获得自己想要的感激，所以，他感到万般遗憾。也许他认为自己很值得同情，但这本来就不算是什么大事，不值得为此而浪费11个月的精力和时间。

我们大概还能活的年数，等于目前年龄与80岁之差的三分之二，这是根据人寿保险公司的统计结果得出的。现在抱怨的这个人是60岁，除去意外伤害或生病等因素，他大概还能活十四五年。结果，他却把这十四五年中非常宝贵的一年时间，浪费在了无聊的抱怨和愤怒中，我确实非常同情他。

事情怎么成了这样了呢？也许是由于员工一直以来都认为自己受到了剥削，偶尔获得一次奖金也是理所应当的。当然，也许是由于员工本身很自私、素质很差。但无论是什么原因，都不值得白白耗费自己宝贵的时间。

英国著名学者约翰逊博士曾说过："感恩不是每个人都能拥有的，它是教养的产物。"

我要说的是，因为他根本不了解人性，所以他才会指望别人感恩。假如你救了一个人的性命，你也许会期望得到他的感恩。但是实际上，真正懂得感恩的人不太多。

假如你的亲戚送给你100万美元，或者你送给你的亲戚100万美元，拿到这笔钱的人必定会对对方表示感谢吧？

钢铁大王安德鲁·卡内基如果听到这样的话，怕是要从棺材里跳出来否认，因为他资助过的亲戚正在恶毒地诅咒他。

虽然安德鲁·卡内基留下了3亿多美元的慈善基金，可他的亲戚只拿到了可怜的100万美元。这就是事实，这就是人性——永远别期待人性会变。既然已经这样了，还不如坦诚地接受，坦率地承认。

正如历史上最有智慧的罗马皇帝马库斯·奥勒留在《沉思录》中写的那样：

"就算碰到了话多的人、自私自利的人、忘恩负义的人、满脑子只想着自己的人，我也不会为此感到惊讶或烦恼，因为我真的无法想象，我们的世界要是没有了这些人，还有什么意思呢？"

我的父母都是热心肠的人，即使我们家的条件很穷，有时候还会借钱过日子，但他们一直尽力从牙缝里省出一点钱去资助孤儿院的孩子们。他们自己从来没有去过那家孤儿院，可是除去会收到回信外，也没有人表示感谢。不过，他们从未感到沮丧或是失望，因为他们收获了他们自以为的最大的喜悦——帮助可怜的孤儿的喜悦。他们压根就不在乎自己是否被感谢。

亚里士多德曾经说过："理想之人会享受助人的快乐。"我想，我的父母就是亚里士多德所说的理想的人。只有享受付出的快乐，彻底忘却期待别人感恩的念头，这样你才能得到真正的快乐，发自内心的快乐。

很多父母埋怨儿女不知道感恩。甚至连莎士比亚也曾发出这样的感叹："不知感恩的子女比毒蛇的利齿更可怕。"

孩子教育得好不好，总能从父母身上找到根源；儿女不知道感恩，是因为父母没有教育好，根源还是在他们身上。假如他们自己就是不知感恩的人，儿女们在这种恶习的耳濡目染之下又怎么能学会感恩呢？因此，别再抱怨了，你不能怪别人，只能怪你自己。

我有一个朋友在芝加哥的一家纸盒厂工作，虽然工作非常辛苦，但是工资却少得可怜，每周只有40美元。他跟一个寡妇结婚了，寡妇说服他借债供她的两个孩子上大学。他拼命地工作，得到的工资却只够勉强维持基本生活开销。可以说，他就是家里唯一的赚钱机器，他坚持了三年这样的生活，并且没有任何怨言。

他对家庭做出了巨大的贡献，应该得到家人的感恩，不过，妻子却觉得他理所应当做这些，两个儿子更是这样觉得。他们就连一声简单的道谢也没有对继父说过，从来没有对继父抱有一丝感激之情。

父母教育的失败是孩子的很多过错的根本来源。这个母亲不想加重孩子的心理负担，于是不停地安慰他们，继父这么做是理所当然的。但她没有想到，自己在孩子心中播下了危险的种子，即便她是出自对孩子的疼惜之情，让孩子们认为这个继父有义务养活他们。后来，她的一个儿子锒铛入狱，就是因为他向老板"借"了点儿钱。

自己首先要懂得感恩，才能让自己的孩子感恩。孩子最重要的老师是父母，他们的言行都深深地塑造着孩子的性格。

因此，无论何时，别在孩子面前诋毁别人的善意。假如我们懂得每时每刻感恩，我们教育出来的孩子也肯定会和我们一样，时时、事事感恩。若要想让自己平安、快乐，请记住下列原则：

永远不要期望获得他人的感恩，寻求真正快乐的唯一途径是施与，它是一种比得到更让人心情愉悦的快乐。

5. 学会控制自己的情绪

有两个学员在我们的一次培训课上，讨论起了"给人留面子"这个问题。来自宾夕法尼亚州哈里斯堡的弗利·克拉克就讲了一件这样的事情。

他说："我们公司的副董事长在一次会议上，问一位生产监督一个问题，态度严厉，语气刻薄。这位生产监督却支支吾吾地回答他，这样就更让副董事长生气了。然后，他的语气就更凶了，大声指责说监督说谎。这次会议在那位生产监督心里留下了很深的阴影，从那以后，他不再好好工作了，过了几个月，他就辞职了。事实上，在那之前，那位生产监督的工作非常出色，而且，他辞职后在其他公司干得也很不错。"

有时候，就算我们是对的，别人是错误的，假如让对方丢了面子的话，事情就会变得更加糟糕。法国的传奇飞行家、作家安托安娜·德·圣苏荷依说："我没有权利伤害任何一个人的自尊。关键的是他认为自己怎么样，而不是我认为他怎么样，伤害他人的自尊等同于犯罪。"

让我们看看已逝的德贝特·摩洛，看他是怎么样做一个真正的领导者的。为了让好战的双方化敌为友，德贝特·摩洛先认真地找出双方正确的地方，接着，对这些正确的做法给予表扬——相反，他不会去指责他们错的地方，不管事情怎么样。

成功者是不会浪费时间向被击败的对手炫耀自己的胜利的。我们可以看一下这个例子：

经历了长达几个世纪的蹂躏，1922年，土耳其人最终决定要把希腊人从自己的土地上赶走。像拿破仑一样，穆斯塔法·凯末尔对自己的士兵发表了热情洋溢的演讲："我们要挺进地中海！"经过惨烈的斗争，土耳其人最终获得了战争的胜利。

两位希腊将领迪黎科皮和迪欧尼斯迫不得已，必须到凯末尔的总部投降，他们遭到了土耳其人民的唾骂。但是，凯末尔本人并没有表现得如其他胜利者一样趾高气扬，而是握着他们的手说："两位一路过来辛苦了，你们先请坐。"双方在讨论完投降的细节后，凯末尔对两位将军的失败表达了理解和安慰，还以军人的语气鼓励他们说："在战场上，赢家并不一定是最优秀的。"

一个成熟的、理智的人一定会控制自己的情绪，当愤怒之火充斥你的内心的时候，你可以尝试这样做：

1.采取正面的行动。愤怒告诉我们，这个世界上的事情并不是一直像我们想的那样。从另一个视角看，不满是一件非常具有正面意义的事情，没有了它，人们就无法被迫地接受现状，就不会为了实现目标而采取任何行动。

举例来说，假如没有对自己遭受的不公平待遇而感到愤怒的话，20世纪初的女性怎么会为了投票权而誓死抗争呢？

2.舒缓压力。愤怒会对身体造成巨大的伤害已经是公认的事实。长期的愤怒不但会引发焦虑，还会导致一系列疾病，而表达愤怒则有助于发泄内心的压抑和怒气，对身体有一定的好处。然而，这并不是说我们可以把愤怒直接宣泄到让你生气的人身上，更别提因为愤怒而伤害他的自尊了。不管你有多少愤怒的理由，都不要因为愤怒丧失了理智。

3.坦诚沟通。愤怒是一块试金石，能够让双方的关系更加坦诚，因此互相依赖。如果一个人和你商谈一个棘手的问题，而不是糊弄你，至少能够说明，他想和你建立一种比较和谐、坦诚的关系。

4.情感交流。如果我们产生愤怒的情绪时，的确到达了我们最真实的感受，而且加上合适的控制和处理，我们就不会因为内心堆积的负面情绪而出现压力过大或者沟通不顺的问题。

5.达成目标。其实，隐藏在愤怒中的能量是一种正面的能量，它能督促你在实现人生目标的道路上不断进步、不断努力。

对成熟的、理智的人来说，如果运用合理，愤怒会让人们变成自信、坚定的人；而对冲动的、不成熟的人来说，愤怒只是一种发泄情绪的方式。

愤怒是一把双刃剑，关键在于你怎么去运用。愤怒时多想一下可能会导致的各种不良后果，一直提醒自己要冷静，努力控制自己的情绪，达成既定目标，这样就能控制愤怒。

第4章

怎样高效地说服别人

1. 让其他人为你说好话

我们所有人不管是在生活、学习还是工作上，都会一定程度上受到他人的影响，都不可能孤零零地生活在这个世界上。绝大多数人会在群体的压力下，违背自己的意愿而选择随大流，很少有人能抵挡得了这种从众的群体压力。

这就是我们经常说的从众效应，从众心理会激发我们改变自己的意愿去迎合大众。

人们做事受个人具体经验的影响，比受空洞的大道理的影响要大得多，这是善于做说服工作的人都知道的。

以一个病人为例，假如医生让他服用某种药物，就算是医生多次证明这种药很有效，而且还说了很多相关的药理知识，病人一定还是不可避免地心存疑虑。假若换一种办法试一下，要是医生告诉他，他自己也服用这种药，且只用了一个疗程就好了。听了这种非常直接、实际的个人经验之后，病人绝对不会再有什么顾虑了。

心理学家赛肯在研究这种方法的效果时发现，成功的推销员通常使用具体的例子向顾客说明已经有人做过他们现在的选择。

商家在推销商品时，为了让顾客购买，通常会运用人们的从众心理。在电视捐款节目中，节目主持人会用很长的时间阅读已捐款者的姓名和捐款金额，一个原因是为了公开信息，另一个原因是要给大众传达一个信息：别人都踊跃捐款了，你怎么还没有捐呢？

街头的卖唱艺人为了故意突出施舍人的慷慨，他们往往会在捐款盒子里放几张数额较大的纸币。

"某某先生或太太已经买了"，这是保险推销员在推销保单时常常说的一句话。而这位先生或是太太必定有某种代表性，是保险推销员精心筛选后的结果——这样就会在无形中增强其产品的说服力。

从众效应中潜藏着巨大的影响力，并且，在一定的条件下可以转化为说服力，这是这些活生生的事例证明的一个事实。

为什么人们会有从众心理呢？根据专业人士的分析，人们觉得，领先者会承担一定的风险，而从众能够帮助人们克服不安全感，这就是为什么他们会有这样的心理——想当"第一个吃螃蟹的人"的步伐，被强烈的自我保护意识给阻挡了，我们宁可以随大流的方式违背自己的想法。

我们理所当然地觉得，既然别人都做了这样的决定，就必然没什么风险。

有一位太太很喜欢一款新上市的热水器，热水器全新的设计吸引了她，但同时，这一新技术的实用程度却是她质疑的。销售员一再对她承诺，这款热水器具备良好的性能，但是，她最终还是游移不定，下不了购买的决心。

最后，一位经验丰富的销售员给她看了一份顾客联系册，顾客的名字和联系方式密密麻麻地写在上面。当那位太太看到有这么多的顾客时，她随即打消了顾虑，立刻就买了一台。

其实，这位太太的经历许多人都曾经有过。很多情况下，我们是受到了别人的鼓动或是影响才做出某个决定的，并非出自我们的内心。

为了说服他人，用事实说话往往是一种强大的手段。但是，随意举的例子不一定有说服力，可作为例证的事实很多，关键是要选择典型例证。

具有代表性的人物或观点就是典型，以有代表性的事实来证明自己的观点或反驳对方的观点，就是典型例证。拿辩论来说，典型的选择，既要注意例子的代表性，还要留意其针对性。而最重要的是，要让对方信服你的论据是真实的，是无可置疑的。

客户这个"还有谁买过"的问题，很大程度上正是被广告学中的"名人效应"给解决了。销售人员自己向客户推销，也许得不到很好的效果。不过，假如有一位有名誉的人为你作证的话，客户的怀疑心理就很容易减弱。

一位心理学家曾经做过一个实验，他给人们听两段完全相同的音乐，但是对他们说，第一段音乐来自一位著名音乐人的作品，后面一段音乐则来自刚出道的新人歌手的作品，他让人们听完后说出自己的真实感受。结果证明，大多数人都更喜欢第一段音乐，他们都表示，"第一段貌似更好听"。

当人们遇到不熟悉的人或者不了解的事物，无法判断并下结论时，总是喜欢附和比自己优秀的人或是权威者的意见和判断，这种现象非常普遍。

例如，对一个病人而言，假如有人劝说他服用某种药物，就算这个人反复说明这种药非常有效，而且说了很多药理知识和道理，病人还是会犹豫不决。不过假如一位很有声誉的医生劝说他的话，病人就会毫不怀疑地接受医生的建议。

人们只有在相似的场合、环境或情景下，才会产生由习惯带来的舒适感，并按照规矩办事。假如你逛街时感觉饿了，想去饭店吃饭，从你产生这个念头的那一刻开始，从众效应就在你的身上发挥作用了。

在选择饭店时，你会注意哪家饭店的人气最旺，因为大多数人都觉得：食客越多的饭店饭菜的味道也就越好。走进饭店之后，你不了解哪道菜最好吃，你要么看看周围的人们，要么直接询问服务员哪道菜最受欢迎。可能大多数人的选择不是最好的，不一定适合你，但是，那没什么不妥的，只要你在潜意识里是这么想的就够了。

假如你在安静的图书馆里，那就绝对不会像在喧闹的酒吧里一样大声吵闹，要不然，你就会被正在认真看书的人用像刀子般的目光"围观"，从此进入"禁止进入图书馆"的黑名单。

假如你要去一家上档次的饭店去吃饭，那就绝对不会像在街头路边的小饭馆吃饭时那样穿着随意、毫不讲究，要不然你就会让和你约会的人颜面扫地，在大家的嘲笑声中被服务员"请"出去。

我举这些例子，只是为了让你明白一件事：巨大的说服力潜藏在从众效应中。说服过程中一个至关重要的影响因素，就是他人的推荐。事实证明，目标人物和推荐人相似的地方越多，说服力就越大，说服的成效也就越好。而一个合适的推荐人，应该是与目标人物的背景、生活条件等最相似，最能与目标人物产生心理共鸣的人，而并不一定是最优秀的。

例如，给一位太太推销儿童读物时，没有孩子的推销员明显没有有孩子的推销员具有说服力，因为相同的经历能让推销员和客户之间有共同话题可谈；推销新的美发用品给美发沙龙的老板时，对他的心理影响最大的，当然是曾经用过这个产品的其他美发沙龙老板的意见。假如你尝试用某位总统或者明星来说服他，对方很快就会扭头而去；父母在鼓励孩子努力学习时，也经常会用到这种方法。事实证明，这种做法往往非常有效。

善于从每一个细微之处发掘说服力，这才是一个真正的说服者。

政府和商业企业常常通过民意调查来发现人们都在想什么、做什么，这样就会影响更多的人做出相同的反应，说服更多的人。这就是从众效应的威力。

下面，来看看你自己有没有说服力：

1.你喜欢看广告吗？会经常尝试一下广告宣传的新鲜事物吗？

2.你在做决定的时候，喜欢听取他人的建议吗？

3.当你的意见和他人的意见完全相反的时候，你是坚持自己的意见，还是人云亦云？

2. 运用主场的优势

许多人会有这样的感受，在自己熟悉的环境或是情境里，自己的语言表达能力明显要比在陌生的环境里强，在这种情况下，往往能很顺利地说服别人。这究竟是怎么回事呢？非常简单，实际上，这就是我们经常说的"主场优势"。

主场优势能在无形中增加一个人的自信心，它暗含了一种巨大的心理安慰的能量。既然有主场，肯定就会有客场。处于客场的人与处于主场的人相比，明显处在劣势，自信心会大受影响，心理负担也会在无形之中增加，从而影响说服效果。

所以，**要想成功地说服他人，就要选择对自己有利而对他人不利的环境，地点或环境的选择，对说服能否成功具有非常重要的作用。**

例如，在足球或篮球比赛时，主场优势就表现得特别明显。最重要的是观众，客场远道而来的人肯定没有来自本地的观众人多。主场的观众人数要比客场多得多，呐喊声、助威声、欢呼声……各种声音汇集到一起，就像一把利刃一样插进对方的心脏。技术当然是最重要的因素，但是，要想在客场赢得胜利，同样不能小看了心理承受能力的作用。

大多数人在自己的房间里说话会比在别人的房间里说话更具有说服力，因此，精明的谈判者在和别人洽谈重要事务时，总是坚持在自己的而非对方的办公室里进行。

英国心理学家泰勒尔和他的助手兰尼曾经做过一项实验。他们先对一些被选定的大学生评分，判定他们对其他人的影响力；接下来，将其中的志愿者分为三人一组，每一组人员由影响力高、影响力中等、影响力弱三类不同的人来构成；最后，让他们讨论并决定，他们学校的各项预算中可以削减的十个项目中哪几项最应该被减掉。影响力最大者的寝室里召开其中一半的小组会议，影响力最小者的寝室里举行另一半小组会议。

最终的结果显示：在讨论中，就算是主人的影响力最小，而且客人也进行了反对，最后，大家还是服从了主人的意见。

一位很有名的谈判专家曾经说过，谁选择了谈判地点，谁就掌握了主动权。对销售人员而言，假如客户不太信任你，或者你想给客户展现自己的实力，那么，不妨主动邀请客户到自己的公司进行考察。在自己的公司谈判，肯定会对自己有利。

但要是去对方的单位谈判的话，就要仔细了解、考察对方各方面的情况，包括对方的个人、机构、管理等多方面信。此外，要观察对方是一个人做决定的，还是要和他人商量，看他最后是如何做出决定的。

总而言之，你了解得越详细、越全面，谈判成功的概率就越大。一定要记住，别忽略任何一个细节，因为可能对方随意的一句话、一个表情或者一个动作，就会成为谈判成败与否的关键因素。

掌握了主动权，也可以说，你就成功了一半。假如你选择的谈话内容是一个对方有强烈兴趣的话题，而且，你用你的真诚和热忱得到的都是肯定的回答，你就肯定会成功地说服他人。

这个他人是指任何人，而不是指特定的某个人或某些人。

谁选择谈判的地方，谁赢得谈判胜利的希望就更大；事实多次证明，在自己的地方谈判的一方，显然具有更多的心理优势。而谈判考验的不只是双方的说话技巧，而且是一次双方心理素质的较量。

3. 不说话的智慧

古印度哲学家白德巴曾经说过，能管住自己的嘴巴是最好的美德。有的时候，话太多反而会坏了大事。西方也有一句谚语这样说道："一个人的话太多，代表他说话是没经过深思熟虑的。"

人际沟通最直接的方式就是说话，很多人为了证明自己的博学多识，在所有的场合下都是一副夸夸其谈的样子，他们觉得说得越多，就越能得到更多人的认同，取得更大的成功。假如你不能肯定自己说的所有话都能打动别人的心灵，最理智的做法就是尽可能地少说，甚至是沉默。**说太多话不如少说话，少说话不如什么也不说，沉默常常比所有的说服技巧都更加有用。**

从前，心理学家通常会觉得，人们应该肆无忌惮地说出自己的心里话，但是，如今人们慢慢觉得，与人交往时更需要沉默和忍耐。

请别忘了，沉默不是无言的无奈，更不是说不出口的软弱，有时候，不说比说具有更大的威力。

爱迪生发明了自动发报机后，决定把这项发明及制造技术给卖掉，从而筹集资金建立一个工作室。由于不了解市场行情，不知道这项发明可以卖到什么价钱，爱迪生就和妻子玛丽商量。但是，玛丽在这方面也是一个门外汉。

他们两人都为此而忧虑，不知道怎么和别人要价。最终，玛丽最后决定说："那么就两万美元吧，你考虑一下，这是建立一个实验室所需要的最少的钱了。"

爱迪生说："两万太高了啊。"玛丽看爱迪生非常犹豫，然后说："要不这样吧，我们在卖的时候先让买家主动开价，套套他们的口风，然后再看情况行事。"

爱迪生当时即便算不上家喻户晓，但是也已经有了一些小名气。听说爱迪生打算卖掉刚发明的自动发报机制造技术，一个美国商人就主动上门来询问价格。爱迪生始终觉得要价两万美元太高了，感到难以说出口，于是只好沉默不语。

商人问了他好几次，爱迪生一直不好意思开口。最终，那位商人实在忍不住了，就说道："我给你报个价吧，10 万美元，你觉得怎么样？"

爱迪生对商人的报价感到喜出望外，这个价钱确实太出乎他的意料了！于是，他当机立断地与商人拍板成交。之后，爱迪生和妻子打趣说道："我晚说了一会儿话，就多赚了8万美元，真是做梦也没想到啊。"

《谈话的艺术》一书的作者，心理学教授格里德·古德罗写道："沉默能够调节说话和听话的节奏。沉默在谈话中的作用，就好比零在数学中的作用：虽然是零，却很重要。没有沉默，所有的交流都不能进行。"

一个著名的心理学家说，无声的语言所表达的意义，比有声的语言要多很多，并且深刻得多。

他还列出来一个公式：人们之间的讯息传播=7%的语言+38%的语气+55%的表情。

真正会说话的人，不但要会用嘴说，而且要明白怎么样用"不说"来说，同时，还必须会使用表情和肢体语言。

沉默，是一种比口若悬河更有效的沟通方法，是一种不说话的智慧。许多人在说服他人的时候，不愿意保持一定的沉默，觉得这样会使自己看起来心虚或理亏。但其实，在你人生所遇到的无数的坎坷中，你的瞬间沉默即使不会让你如爱迪生那样多赚8万美元，也会给对方和你自己都留有空间，给你更多思考的机会，甚至在危急关头产生力挽狂澜的奇迹。

我之前看到过挂在一家大公司门口的一块牌子，上面写道：要简洁，所有的一切都要简洁。通用电气公司的一位副总裁曾经说过："我们在会议上投票表决，推销员为何会失去推销机会，结果，有75%的人觉得是说话太多导致的。"

实际上，不管在什么环境下，喋喋不休的人很少会被别人喜欢，甚至还会引发别人的强烈反感。

事实上，那些很有经验的演讲高手在演讲时也常常运用这个方法。演讲者在台上不说一句话，而仅仅是看着台下的观众，于是，观众就会觉得，演讲者接着会说什么重要的事情，就会将注意力放在演讲者身上。

当观众开始四处张望感到不安时，演讲者认为时机已经成熟了，便开始口若悬河地说起来了。对方会因为短暂的沉默而感到不安，不安一旦解除，说服就会很容易成功了。

许多资深的业务员也表示，适当的沉默常常使他们做成大笔的交易。因为他们明白，沉默通常具有更大的说服力。

4. 逆向说服的技巧

很多情况下，我们一直是根据已经形成的习惯处理事情和解决问题的。但是，这通常达不到我们的目标。假如从相反的角度去处理，能够换一种立场，事情也许就会出现令人意想不到的转机。

在人类漫长的发展历史上，"反面教材"促成了很多发明。

心理学家认为，人类有一种探求真相的本能，遇事都想明白个究竟，以揭示其中的奥秘。正是这个本能激起了人们的好奇心，促使人们找到事物的真相。这种欲望越是被禁止，人们产生的抗拒心理就越强烈。

逆反心理潜藏在每个人的内心深处。别人越是告诉你说"不准看"，你就越是想看；别人越是不让你去做，你就越是想去做。

一位时装店的经理由于粗心大意，把一条高档呢裙烧了一个洞，这下，它的身价立刻暴跌。假如用织补法补救的话，就算可以蒙混过关，但这是欺诈顾客，如果被顾客识破了，就会声名受损。

于是，这位经理突然想到了一个主意，干脆在小洞的周围又挖了很多个小洞，对它做了一番精心的修饰，然后，还为它取了一个很好听的名字——凤尾裙。没过多久，这款凤尾裙在很短的时间内获得了女性消费者的好评，这个时装商店也就此闻名遐迩。

不管你在从事什么工作，假如你陷入了毫无办法的艰难处境，用正常的方法不能解决问题时，你不妨尝试一下从相反的角度找出解决的办法。其实，所谓的逆向思维，客观来说就是一种创新思维。社会要向前进，需要创新；我们要进步，也需要创新。如果没有创新的话，再先进的技术也会有被淘汰的时候，再发达的国家也会落后的。

我们在前面提到过，人人都渴望得到别人的称赞，但实际上，一种说服力强大的反面教材就是缺点。缺点不只是人性格中的弱点，要是使用得当的话，也能够拥有成功的人生。

世界上有一个"矮人餐馆"。在这个餐馆里，不管是经理，还是厨师、服务员，全部是身高不到130厘米的人，其中，最矮的人只有67厘米。这一独具特色的服务方式，使得他们的餐馆闻名全球。

当餐馆里有顾客光临时，一位头大身子小的矮人服务员就会热烈地迎候来客，面带笑容地用双手递给顾客擦脸的毛巾。当顾客舒适地坐在座位上以后，另一位矮人服务员就会把几乎和自己一样高的精致大菜谱递上来，让顾客开始点菜。他还会有意做出一些滑稽、诙谐的动作，让顾客们捧腹大笑。矮人殷勤、周到的服务，会让人感觉胃口大开，所以，顾客们会对他们称赞有加。

美国人吉姆·特纳是这个餐馆的老板，他是个侏儒，身高只有110厘米。最开始经营餐馆时，和大多数饭店一样，他招聘了一些年轻的小伙子和姑娘来做服务员，结果，在激烈的竞争中，饭馆的生意每况愈下。

充满野心的吉姆决心对餐馆进行彻底的改革，决定改变这一切。他说："经营者在竞争中要是没有惊人的绝招，就只有失败这一条路。"

吉姆每天都苦思冥想，最终意识到，必须拥有自己的特色，才能在众多的餐馆中脱颖而出。那么，应该找什么样的服务员才合适呢？有一天，他在马路上看到了一个头大身子小的矮人，最多只有一米高，长相非常有趣。要是用上这样的服务员的话，顾客肯定会非常感兴趣。吉姆沉思了一会儿，一套完整的改革计划涌现在他的脑海里。

他拉住那个人，问道："你叫什么名字？"

"贝鲁。"

"我可以让你当经理，假如你想去我的餐馆帮忙的话。"

"我非常愿意，先生。"贝鲁答应道，丝毫没有犹豫。

第二天，贝鲁就帮助吉姆在报纸上刊登了招聘启事，餐厅只要矮人，待遇从优。贝鲁在短短几天之内就招募了一支"矮人队伍"——独一无二的矮人餐厅在世界上诞生了，这引发了很多顾客强烈的兴趣。没多久，全世界都传遍了矮人餐厅的美名，吉姆也就因此获得了巨大的成功。

当你在说服别人时，正面的说理也许会使对方发怒，进而让他的埋怨更深，因此，想要说服别人就更困难了。但要是你顺从他的意思，改变旧有的劝说方式，肯定会有一个大不一样的效果。

记住，一成不变的说服只会让人觉得乏味无聊，这样会增加说服的难度，说服也需要不停地创新。但是，不要漫无目的地模仿其他人，你永远是最了解你自己的人，什么样的说服方式更适合你，只有你自己知道。

5. 示弱反而更有力量

意大利天文学家伽利略在几百年前就说过："谁都不可能教会别人什么事，你只能帮助他学会什么事。"

苏格拉底在雅典时，也常常这样教育他的弟子们："我只知道一件事，那就是，我其实一无所有。"

其实，这是一种"低头"的姿态。在说服的过程中，有意提升他人或暴露自己的一些缺点，这样通常可以解除对方的恐惧和警戒。

你应该明白，人类普遍存在一个共同的弱点，那就是永远都觉得自己是最正确的、最优秀的，一直不愿意真心地接受比自己优秀的人。当然，真正聪明的人永远都不会刻意强调自己的优势，或是用一切办法显得自己比对方高明，那些只是愚人的所作所为。

以前有人问过苏格拉底："你是天下学问最渊博的人，那么，你能告诉我，天与地之间的距离有多远吗？"

"三尺！"苏格拉底回答道，没有任何犹豫。

那个人觉得不太可信，然后问道："这不可能吧！每个人差不多都有五尺高，假如天与地之间只有三尺的话，这样人不就把天给戳破了吗？"

苏格拉底微笑着说道："正是这样的。因为我以为，每个身高高于三尺的人，要想立足在这个世界上，就必须记住时刻低头。"

很多人会对示弱产生误解，觉得只有很软弱或者真正有弱点的人才会低头，才会对所有人说他很软弱。但是实际上，**适当地示弱是一种低调的处世智慧，而不怕示弱的人，并不一定就是真正的弱者。**

当我们要说服一个人的时候，通常不是苦口婆心地劝解，就是像家长对待孩子或是老师对待学生一样，要求对方听取自己的想法。包括你自己在内，应该没人会喜欢这种强迫性的、被硬塞给你的善意劝导。许多情况下，如果换一种方式去表达严厉的、指责性的话语，通常会收到不一样的效果。

请注意，在你说话的时候，再也不要出现如下的话语："这样的话，你来看一下我是怎么做的。"如果你要是这么说的话，很明显就是在告诉对方，你比他强，你能改变他的想法，你能让他明白一些事情。

　　这样做有多么离谱，你知道吗？接受对方带有挑衅和指教意味的说服，这是任何人在任何时候都无法心安理得做到的。实际上，你自己都保证不了你说的每一句话、做的每一件事都正确，就像世纪伟人西奥多·罗斯福说的，他对自己的决定正确率的最大期望是75%。那么，你又如何运用自己并不一定正确的言行去说服他人呢？

　　法国哲学家拉罗什弗科曾经说过："假如你想树敌，就设法超越自己的朋友；假如你想要交朋友，就请为你的朋友提供超越你的机会。"

　　善意的示弱，其实是人生中很难达到的境界，真正的强者一定都懂得这样的道理。示弱不是自卑，也不是懦弱，它是一种能力，是一种智慧，让自己在千万人中更出众、更优秀。你会察觉，许多情况下，最聪明的说服者恰恰是弱者。

　　永远不要忘了适时示弱，无论你是成功还是失败，无论你是幸福还是不幸。

　　谨记以下几个关于低姿态说服的要点：

　　1.永远不要在谈话的时候出现这样的话，这样的话简直是犯了大忌："那么，你看看我是如何做的。"

　　2.要让对方有这样一种感觉，要让教导看上去不像教导，他的错误是因为他忘记了和忽视了而已。

3.一个强势的人试图说服同样或者更强势的人，最后只会引发激烈的争吵，而争吵无法解决任何问题。

4.内心强大的人通常显得很温和。假如对方是因为某种压力而被迫屈服你的话，他在内心深处是不会赞同你的。

第5章

如何在工作中与人交流

1. 展示自己的专业性

有的人觉得，只要他有能力就可以了，其余的都是次要的问题。但是，你要知道，只有当你把自己的才能展现出来时，你才会得到领导者的兴趣。在你的才能展现出来之前，你在他的眼中和别人是没有区别的。

这样的话，可以这么说，面试的过程就是展示自己的过程。你自己就是一个商品，说服对方购买你这个独一无二的商品，就是你需要做的。那么，你该怎么样推销你自己呢？

第一，外表形象端庄得体。和雇主谈话的时候，你给别人的第一印象特别重要。而你给别人的第一印象是由你的外表形象所决定的。所以，你需要格外注意、留心。

服装。当你知道对方有权利决定是否录用你的时候，你就应该知道该有怎样的外表。这样的话，你应该在面试时穿上最正式的服装。不过，因为你是要去工作，而不是参加舞会，你的服装也不需要太过隆重。

正式的服装是什么样的呢？穿适合你以后工作的衣服，它将让你显得能非常胜任你的工作，这就是所谓最好的服装。

化妆。同样的道理，为了搭配你的服装，你要决定是不是化妆，就算是化妆也不能太过浓艳。

准时。去面试的时候，最好提前几分钟到达面试地点。到了以后，你要注意仪表和保持风度。要做到这样，你必须端正地坐在座位上，耐心地等待面试官的召唤。礼貌地和面试官握手后端坐下来，和他离得不要太远，也不要太近，保持在一个适当的距离。

气质。礼貌、自信和热情，这是说话时要保持的。虽然对方有决定是否录用的权力，也不要因为害怕而不看他的眼睛，说话的时候，一定要注意看着对方。你必须始终面带微笑，这会让你看起来有一种自信的感觉。在对方说话的时候，你要仔细倾听他说的话，要笑着看着他。你要用你的言行回应他，让他知道你在关注他。别轻易打断他的话，这是非常不礼貌的。

矜持。别表现得太激动。假如对方对你非常感兴趣，也不要得意忘形，因为由此导致的行为失控会让你接下来错误百出。就算是他已经对你表现出了肯定的意向，而且比较明显，你也别太兴奋，因为事情也许会有所变化。

态度。你必须保持不卑不亢的态度。别表现得低三下四，看起来像是你在乞求对方一样。对方并不能决定你的命运，这是一种相互的选择。再者，要是你表现得过于卑下，对方会对你的能力产生怀疑。

第二，语言表达流畅自如。在现代的职场中，不仅仅是你的知识和智力，你的综合素质会受到更多的重视。你的性格、态度、修养和内涵由你说话的声音和语调来决定。对一个陌生人而言，这些重要的信息是由声音的特点来传达的。因此，你的口齿必须要清晰、流利，不要说话吞吞吐吐、含糊不清。假如你非常清楚地表达出来每一个字，你就会让人觉得自信且头脑清晰、有逻辑性。

一些刚进入职场的人因为紧张或者迫切地想表达自己，通常在对方问他一个问题后，他会紧接着滔滔不绝地表达出他自己的想法，这让他们说话时就如同在跑火车一样。在清晰地表达自己想法的同时，运用幽默和含蓄的语言，能够拉近你和面试官的心理距离，营造出轻松愉快的谈话气氛，这会让你得到更大的成功。当然，不要太多地刻意使用这些语言技巧。

第三，全面地表现自己。在面试时，面试官常常会让面试者做一个简单的自我介绍，这就是自我表现的第一步。虽然你很了解你自己，不过要通过几句话，真的只有几句话，就使他人了解你却真的不容易。因此，你需要非常慎重地做好准备，自我介绍并不是一件简单的事情。

那么，怎么样才能通过简单有限的时间和语言来让对方详细地了解你呢？

首先，你要知道你的目的不是和对方闲聊，而是使对方了解你到底是谁。你要简单地介绍一下你的姓名、学历、工作经历、性格等一些基本的信息。这些信息也许很重要，也许并不重要，关键在于雇主更加注重哪个方面。但是要记住，你不用把你想说的话全都说出来，接下来你可以慢慢补充，这些只是自我介绍而已。

其次，面试人员最看中的也许是你的能力，由此判断你是不是能胜任你想要得到的工作。很多面试者一心想令自己看起来很优秀，在他们的言语中，似乎在说明这样一个意思："我能做很多事情。"这些可能是真的，但是，能做并不代表一定有能力做好。老板不是想找一个夸夸其谈的人，而是希望找一个能够真正做事的人。因此，你必须谨慎地介绍自己。

还有，最重要的一点就是，把自己的特点表达出来。不要夸大也不要缩小你的优点和缺点，你所说的要实事求是。不要认为面试人员是傻子，要不然他们也会对你这么做。让对方觉得你确实适合你想得到的工作，这一点很重要。

最后，稳妥地处理问题。面试人员常常会这样问："你为什么要选择这个工作？"有的人的回答不知所以然，这样的话，面试人员会觉得他们没有什么想法。要是他们说"我只是想试一试，毕竟可以多一个机会"，或者"之前我不想来的"这类的话，那么这些人差不多已经没有机会得到这个工作了。我们需要谨慎、稳妥地处理一些问题，例如，有的面试者在面试中经常碰到的问题，也是求职者经常犯错误的地方。

我们要搞清楚，面试人员这么问的原因是什么。一般情况下，他们是想了解你的职业目标和你对公司的熟悉程度。明白了这一点后，你就可以进行有针对性的回答。你必须把你未来的工作、公司和你自己的志向结合起来。比如，这样的回答——"贵公司的管理理念正好符合我的工作信念"——是非常明智的。

在面试的时候，我们会遇到一个非常难以回答但又比较常见的问题："你觉得自己有哪些不足之处？"

他们会问这个问题的原因是，想了解你的诚信度和你与应聘的职位是不是相匹配。一般的人只会考虑到这个问题其中的一个方面。要么把自己的缺点直截了当地都说出来，给面试人员留一个诚实的印象；要不就是遮掩自己的缺点，对面试人员说谎。

这两种做法都是不可取的，我们应该在两者之间寻找一个平衡点。例如，假如你应聘的是一个财务工作，你可以这样说："我性格慢热，这经常让我在考虑每件事情时都很细致。"

又比如，你笼统地说："我确实有许多缺点，不过我认为，这些缺点并不会影响我发挥我的优点。"

有的时候，面试人员经常还会这样问："假如你和你领导的意见发生了冲突，你会怎样去做？"这种假设的目的是试探你的自我认同感和沟通能力。

你应该这样回答："首先，认真思考领导的意见，因为毕竟他看问题比我更加全面和深刻，比我更有经验；其次，假如我确实觉得我的意见更加准确，那么，我会和领导沟通我的意见，毕竟我们的目标是一致的，我相信他也会赞成我的意见。当然，在沟通的时候，必须注意使用一些技巧。"

最后一个问题，也是你最关心的问题，那就是工资待遇了。不要说"按照公司的规定办"之类的话，那说明你对现在的工作并没有清楚的了解。你可以大胆地说出你的期望薪酬。当然，你的期望薪酬不能过低或者过高，应该跟公司和你个人的要求相符合。

你可以给出一个可以浮动的范围，这样，双方都会有考虑的空间。一般来说，假如你确实非常适合这个工作的话，雇主是不会让你感到失望的。

在面试过程中，必须要注意以下几点：

1.端正面试的态度，尽量让自己了解，无论面试失败或成功都算不上什么大不了的事情。

2.要保持有礼有节的态度。你要明白，推销自己不是目的，只是手段。

3.别忘了，面试的过程也是你选择对方的过程，你也要主动地进行选择。

2. 获得上司的认可

人在职场，我们必须考虑到与上司相处的问题。不过，使人感觉沮丧的一个事实是，在一定程度上，你的上司决定你在职场上的前途，所以，你必须要让他感觉满意。也许有些事情你会去询问同事的意见，但是无论怎样，你的加薪或升迁等关键问题，最后毕竟是由他说了算的。

因此，不要想当然地认为，勤奋苦干就能让你在职场一帆风顺，请放弃你那幼稚的想法吧。这是错误的想法，肯定是错误的。我不是在吓唬人，虽然领导们都喜欢勤奋苦干的员工，然而，这不是最重要的。

职场确实是一个很复杂的地方，你的前途和方向并不是完全靠才干和能力来决定的。在这里，你的个人需求与公司的需求必须要找到一个恰当的交汇点，比如，你的工作性质可能会和你的个人爱好发生冲突。

所以，假如你处在职场当中，就得学会融洽地跟领导交流。我这里有一些可以参考的建议：

第一，主动和领导交流。人都是渴求沟通和交流的，领导也不例外。你如果有一个工作上的好建议，你大可去敲他办公室的门。你不一定非要等到领导叫你的时候才走进他的办公室。我还没有听说过哪个领导的办公室是不允许下属进去的。一般来说，他们是欢迎你的。

主动和领导交流可以让领导对你的印象非常好，因为这说明你在努力工作——我很支持努力工作，但是重要的是，要让领导看到这一点。此外，领导需要掌握的一种信息和基本的工作任务是了解所有的下属，所以就算你不找领导，领导也会主动和你谈话的。

第二，学会提出建议。假如你的领导和你说："有自己的想法是好的。"通常来说，这不是客套话。有想法的下属一般都会受到领导的喜欢，他们好像更喜欢那些新鲜的、充满活力的东西。一定要记住，令他们赞赏、感兴趣的，正是这些东西。

请记住，博取领导好感的一个有效的方法就是向领导提工作意见——当然，它的内容必须要非常有见地。不过，在这之前，你必须先做一些事情：

首先，你要确定你自己的意见或建议不是仓促之间形成的一个灵感，而是你经过审慎思考后的结果。假设是一个建议，你最好不但和领导说出你的建议是什么，而且还要告诉他这么做的原因以及应该怎么做。有时候，决定一个点子好坏的关键，是看它的可执行性。

其次，弄清楚你的领导的工作习惯，把握好沟通的时机。当然，在领导会见客人或者打电话的时候，你最好别去见他，也尽量别在他专心思考某个问题的时候去打扰他。

最后，你要注意的就是，提建议时，千万不要显露出"我比你聪明"这样的态度。这种表现对你来说是致命的错误，因为它本身就不是事实，也没有任何好处。因为这说明，你只是为了表示自己更加优秀而已，而不是为了工作本身——这并不是你向领导提建议的本意。

第三，进退得宜的态度。对于身处职场中的人来说，领导确实非常重要。这在之前也提到过，你的加薪和升迁都由他们来决定（就算不是你的直接领导，也多多少少具有一定的影响力）。

此外，他们在一些方面确实比你更加优秀，在工作和事务上，他们也担负着更重要的责任。从这个意义来说，我们必须要尊敬他们。

然而，在人格上，你们是平等的。传统的那种一味奉承和附和领导的做法，已经没有什么意义了。这样做的话，领导并不会对你留下深刻的印象。

但是，要在尊敬和独立之间找到平衡，的确很难做到。假如你想在职场中取胜的话，也只能做到这一点。此外，你可以把它当作是一次挑战。

第四，正确对待批评和指正。对领导所说的话，接受正确的部分，拒绝错误的部分，这就是"正确对待批评和指正"。领导比我们拥有更多的学识和经验，看问题也更加全面和深入，他们有责任、有资格对我们进行必要的批评和指正。所以，我们对此应该感到高兴，而不应该因为受到批评而羞愧，甚至是怨恨。因为，这样我们又可以纠正自己的一个错误了。

在知道领导的观点有错误时，一般的人都会怀疑自己的观点，这种怀疑是很有必要的，但是，也不要因为怀疑而轻易地把自己的观点给否定了。还有一些人不做任何反应，好像领导的话是金科玉律、不容侵犯一样。

领导肯定也会犯错误的。当然，把我们发现的问题向领导提出来也不是一件容易的事情。即使我们一直在强调领导应该宽容、理性和大度，不过，现实情况却是另外一回事。他们有时候做事情比我们还要偏激，并没有那么理性，他们只是比我们少犯一些错误罢了。关于这一点，我们必须有客观的认识。

有一种观点认为，我们好不容易发现了领导的错误，所以，绝不能错过展示自己的机会。但是，我更想换一种方式来理解——这是一种对工作的认真态度。做任何事情都不要采取虚应故事的敷衍态度，要尽可能把它做到最好。

第五，正确的表达方式。要留意你和领导的说话方式，你应该语气适当、措辞婉转，在表达的时候特别要注意到这一点，你应该找到独立和尊敬之间的那种平衡。

为了展示自己的语言表达技巧和不浪费领导的宝贵时间，你必须在把你的意思表达清楚的前提下，做到言简意赅。

此外，需要注意一些说话的禁忌。不要选择和你的地位不相称的词语，要选择那些合适的词语。这些词语包括："我很感动""您辛苦了""怎样都可以"，等等。它们会使你看起来更像是领导。

第六，把握提要求的度。你也许需要向领导提一些要求，因为你要谋求更高的职位和薪水，或者更好的工作环境。通常来讲，领导是理解下属提出的要求的，但是，同时也很为难。领导之所以感觉为难的原因部分与下属有关，部分与下属无关，原因很复杂。要是想让领导更容易接受自己的要求，你需要掌握一些提要求的技巧：

过高的或不切实际的要求不要提。它容易使你和领导的关系变得糟糕，领导不仅无法满足你的那些要求，而且会因此对你产生反感。

　　留心你的措辞。无论你觉得你的要求有多么合理，你最好还是用商量的语气和领导说话。不要让领导觉得你在命令他满足你的要求，别让他感到自己受到了威胁。那样的话，就算没有太多的理由，他也会不自觉地拒绝你的要求。

3. 灵活地处理同事间的关系

有时候在职场中你会感觉很累,比如自己不喜欢的应酬太多,或是必须和那些自己不喜欢的人一起工作。其中充满了太多的无奈。确实,你也许没有更好的选择。然而,关键是看你对待职场的态度,它也不一定像你想象的那样,只是让人悲观不已、灰心丧气。

如果按照下面的办法去做,你和同事之间的关系就不会再让你感到烦恼。

第一,对同事少指责,多赞美。无论是同事的工作做得出色,还是他穿了一件漂亮的衬衫,你都可以去赞美他。**赞美是最直接、最有效的令他人对你心怀好感的方式之一**,所以不要吝于赞美你的同事。诚然,你不要毫无缘由地赞美他,要不然会让别人觉得你不真诚。

第二,摆正心态。通常来说,你和同事仅仅是工作上的合作关系。当然，你和同事之间也许会成为好朋友，但是，大多数时间你们只是合作伙伴。然而，除了亲人以外，同事恐怕就是你最常见到的人了。假如你愿意，就好像你从朋友身上学到的一样，你能够从同事那里学到很多有用的东西，

在和你的同事交谈的时候，你要尊重和体谅对方，无论你有多么喜欢或者讨厌他们。我们每个人都有自己的优点和弱点，每个人在工作中的经验和知识都会给予我们帮助。但是，假如刻意地在你们之间划出一条界限，你就会失去更多提高的机会。

第三，幽默。办公室里有时需要一些欢快的谈话，这样能够使人际关系更加紧密，也有助于活跃工作的气氛。人际关系的润滑剂是幽默，你的几句幽默的话语也许就能起到这样的效果，同时能够显示你的才华和个性。不过，你必须掌握好开玩笑的分寸。

此外，开玩笑的场合也要注意。在大家专心工作时，最好不要突然说什么逗乐的话。这样不仅会影响工作，而且违反纪律。

适度地去开玩笑。玩笑不要开过火，否则，可能会给你和你的同事带来不利的影响。

要分清对象去制造幽默。采用不同的态度对待不同的同事。有的同事可能会对你的幽默产生误解，因为他们天生没有幽默细胞。

最后，不要不分场合地说荤段子，你要切记这一点。我知道，

许多成年男人常常爱说一些黄色笑话，在同性中还可以被接受，不过，假如有异性在场的话，一般不应该开这种玩笑。

第四，少说话，多倾听。办公室不是表现你演讲才华的地方，不要在办公室里叽叽喳喳地一直说个没完。很多人的话说得太多了，只是为了着急想要别人了解自己。你不应该把你的主要精力用在表现自己身上，而应该放在观察和学习上面。

要想使自己得到提高，你就必须向同事请教工作上的问题，要不然，你就会落后于他人。

认真倾听同事所说的话，尽量找到对方话语中的积极因素，不要因为对方说的话不重要或者没有水平就心不在焉。任何人也许都会成为你未来的好朋友、合作伙伴，甚至是你的领导。

第五，学会巧妙地拒绝。所有人的能力都是有限的，人人都有自己不得已的苦衷。同事之间不可避免会有工作上或者生活上的事情需要互相帮忙，但是，有的时候，你必须拒绝对方的请求。这是非常让人为难的地方，但是只要处理好它，这件事也不会让你心烦。

拒绝同事之前，你必须维持好你们之间的关系。当你的同事想让你帮他办一件事情的时候，你就对他说，你还有一些更重要的事情没做完，你要做完这些事情以后，才能帮他做这件事情——说出你拒绝他的原因，对方肯定会理解你的。

第六，注意谈话中的禁忌。所有人都有自己的秘密，最好不要去触碰别人的个人隐私。此外，更不要把他人的弱点和不足当成交谈的话题，这样只会证明你人品和道德的低下。在谈话中，最好不要触及以下几点：

1.不要随便说别人的坏话。有同事在场时，不要说领导的坏话。你的同事也许会听到你的有些似乎是开玩笑说出来的话，一部分人也许因此就把你当成他的垫脚石。你必须要提防这一点。

2.不要打听别人的隐私。每个人都不希望别人了解自己的隐私，却都以窥探别人的隐私为乐。所以，千万不要打听别人的隐私，那样会引起别人的反感和警惕。

3.不要太过张扬。不要在同事面前显示出自己的与众不同。事实上，所有人都觉得自己与众不同。所以，你要想得到同事的认同，只有保持低调、谦虚的态度。

4.不要去命令他人。我在之前提到过，你没有资格去命令你的同事，无论是在经验、学识还是在地位方面。假如你想获得别人的帮助，只能运用别的方法。

你要谨记以下与同事和谐相处的注意事项：

1.要想得到别人的尊重，只有对别人也尊重。

2.和同事和谐地相处，可以让你的工作开展得更顺利，而且能让你愉快地工作。

　　3.不要说话太多或者自大，不要着急表现自己，这样会让你和同事之间产生距离。

4. 领导也需要艺术

许多领导和下属之间有着沟通上的问题，这不但对个人产生了很大的影响，也妨碍了工作。如此，应该怎样与下属进行有效的沟通交流呢？我觉得，可以从以下几点去做：

第一，下达的指令要准确、明了。对领导们的基本要求就是，清晰、明确地下达指令。用简洁、有力的话去表达你的意思，让它们有效地进入到下属的脑子中去。最好使你的指令不会产生歧义，也符合下属可以理解的水平。

许多领导喜欢说话长篇大论，经常是他们在说完话以后，下属们一点儿也不明白他们到底想要表达什么意思。这是由于，领导们说的每一个字、每一句话都会变成重要的信息进入到下属的大脑里，他们在下属的心目中已经建立起了某种权威，正是由于接受了太多的信息，下属反而忽视了领导想要表达的重要信息。

我无意去说这全是领导者的责任，不过，他至少应该承担大部分的责任。

因此，为了确保指令的有效执行，作为领导者，应该考虑得更加全面。你考虑的不仅仅只是你想要表达什么，而且应该包括听的人接受了什么。不要让自己的话听起来漫无边际，你要想怎么做，只有等下属彻底明白了你的意思才行。下属有他们自己的工作要做，他们不是来听你长篇大论的，所以，你确实不应该在这里高谈阔论。

不少领导者有很多新奇的主意，他们是高效率的"创意生产器"。不过，他们却不知道怎么样让这些创意得到有效的执行。他们常常会否定一个小时之前的指令，而用新的指令去替代它。

结果如何呢？这使下属非常头疼，他们不明白到底该怎么执行，因为他们经常同时得到几个互相矛盾的指令，这的确是一件很让人为难的事情。我知道很多领导都犯过这样的错误，他们的权威不让别人去怀疑，最后，只能有一种结果——下属容忍不了这种折磨，主动离职。

第二，随时与下属交流。有一种最直接、最有效的沟通方式，那就是交流，它能及时让领导明白下属的想法和意见，是以防万一的一个重要方法。因此，在平时要经常和下属交流。这需要你注意下列事项：

明确目标。明确谈话的主题，确定谈话的具体目标，列出你也许会和对方交换、传达的信息，然后，安排好谈话的地点和时间——我觉得不应该固定地点和时间。

了解下属。完全了解你谈话的对象。要从下属的角度去考虑谈话中也许会出现的问题，以及谈话对他产生的影响。

引导谈话。引导谈话到你预定的方向上去。当然，你也许会获得许多意想不到的收获。

第三，有效地批评下属。每个人都会犯错误，所以不要勉强自己去批评、教育他人。当下属没有完成某件任务，或者做错了一件事情的时候，他当然应当受到领导的批评和训导。重要的是，你的出发点是为了解决问题。

你需要根据下面几点去做：

对事不对人。你在批评和训导下属的时候，应该让他认为你是针对具体的事情进行批评的，而不是针对他本人的。你应该平静地指出问题在哪里，并且千方百计地暗示对方，你的目的不是图一时之快，只是为了让工作做得更好。

保持平静的态度。你需要营造一种平和、认真的沟通气氛，不要让下属觉得他正在被审判。只有在这样的气氛中，才能有效地解决问题。

保持公平公正的态度。任何一个错误都不只是由一个人造成的，公正地指出下属所犯的错误和应该承担的责任。况且，你的下属也不希望犯这样的错误。

适度的原则。你应该说明他只是造成这个错误的一份子，并且根据有关的规章制度客观地指出他应该承担的责任，不要给他一种不可饶恕的感觉。否则他不仅不会改正错误，还会自暴自弃或者产生逆反心理。

对他进行鼓励。不要忘了鼓励犯了错误的人，他们也许已经在一定程度上对自己失去了信心，迫切需要别人的肯定。当然，也不要忘记指导他们改正错误。

记住，**管理不在于你的权威，而是态度**。

别用那种高高在上的态度和下属说话，那样的话你肯定不会收到很好的沟通效果。

你仍然需要在必要的时候保持领导者的权威，你的诚恳态度不是一种妥协和退让。

尊重你的下属，就是对方尊重你的前提。

第四，激发员工的工作热情。激励能够创造奇迹，使不可能成为可能。我没有高估激励的力量，有许多人也是这么想的。最近，越来越多的企业家热衷于研究领导艺术了。他们开始从事这一方法的研究，就是说，怎样使员工发挥出自己的潜能，然后走向事业的成功。

他们发现，**企业要想走向成功，只能激发员工的工作热情。**

激励经常可以创造一些貌似不太可能的奇迹发生，激励别人获得成功也是一件非常美妙的事情。

一个10岁的意大利那不勒斯的男孩，一直很想成为歌唱家。但是他的第一个老师却给他泼冷水。"你最好放弃吧，"那位老师说，"你的音质不行，听起来就像是风吹在窗户上一样。"

然而，男孩的母亲没有这样想，她是个贫穷的乡村农妇，经常搂着他赞美他的歌声。她明白男孩会唱歌，也肯定他能唱得更好。于是，这位母亲省吃俭用地供男孩去学唱歌，母亲持续的鼓励和赞美起了作用，男孩最后成了一位鼎鼎大名的歌剧演唱者——歌王卡罗索。

还有一个故事。伦敦的一个男孩，由于家境清贫，成了一家杂货店的店员。他早上五点钟就要起床，接着清理门店，然后，像个奴隶似地忙上超过14个小时。每一天都是这样的，男孩非常厌恶这样的苦差事。过了两年，他忍耐不下去了，于是在一个早上，他甚至没有吃早饭，徒步走了15里路找到了母亲打杂的地方向母亲诉苦。

他向母亲哀求、哭诉，发誓说，要是把他送回去，他就要自杀，那样的生活几乎让他发疯。然后，他写了一封信寄给从前的老师，告诉了他自己悲惨的现状。那位老师也给他回了一封信，不仅安慰勉励他，而且觉得，以他的聪明才智应该去做更好的工作，于是，便请他去学校教课。

男孩的一生被这封赞扬的信彻底改变了——英国文学的历史也受到了影响。这之后，这个男孩勤奋写作，他发表的作品获得了轰动性的成功，他也因此成了百万富翁。这个男孩就是著名作家H.G.威尔斯。

只要你善于利用激励，找到激励的方法，那么，你就会促成别人的成功，同时也促成了自己的成功。上面这些故事正是我想要举例说明的。正是因为这样，许多企业的管理者们都明白了运用激励机制去调动员工们的创造性和积极性。

接下来，我就举几个例子来说明他们激励别人走向成功的方法：

第一，时刻赞美对方。激起员工积极性的一个非常直接、有效的方法就是赞美。

钢铁大王安德鲁·卡内基非常善于运用这个方法去激励他的下属。他的下属之一、造船厂的总经理修韦伯曾经这样描述过他："公司里的重要人物，那些能干的人，基本上都是因为他的称赞而成功的。在我见过的大人物（其中包括不少优秀的企业家）中，他是最擅长于运用称赞而让人得到进步的。这种方法确实很有效，正是它成就了许多人的事业。它也是卡内基先生取得成功的一个重要原因。"

修韦伯从卡内基那里学到了赞美的方法，他本人也是自己所描述的运用赞美获得非凡效果的人之一。作为一个造船厂的经理，他手下的职员的工作热情几乎都很惊人。在卡莫狄工厂中，一项工作纪录刚刚产生，另一项纪录马上又把它打破了。

相信我，赞美的力量确实不同凡响，你要是尝试一下，就能体会到我说的有多么正确。

第二，挑起竞争意识。激起员工积极性的另外一个绝好的办法，就是挑起他们之间的竞争意识。

一天，查尔斯·施瓦布在下班的时候，有一位分厂厂长拦住了他。他对施瓦布说：

"我不明白这是怎么回事。我用了很多的方法去激励我们厂的员工，不过他们却老是完不成生产任务。"

"我很难理解，"施瓦布说，"你是一个干劲儿十足的领导，居然也无法让他们充满热情地工作？"

"是这样的，"那位厂长一脸沮丧地说道，"我已经用了所有能想到的办法。我苦口婆心地激励他们、引导他们，甚至责骂和威胁他们，但是他们依然无动于衷。"

于是，那位厂长带着施瓦布一起去了工厂，当时，正好赶上他们厂白班和夜班的交替时间。施瓦布拦下一个正准备下班的员工，问他："今天你们生产了多少台机器？"

那个员工回答说："六台。"

施瓦布点了一下头，向厂长要了一支粉笔，接着在白板上写了一个大大的"6"字，没有说一句话，就默默地离开了。

白板上的字被那些上夜班的人看到了，他们觉得很奇怪，然后就问那些上白班的人发生了什么事情。

"施瓦布先生刚才来过了，"上白班的人回答道，"他问我们生产了多少台机器，接着，就把这个数字写在了白板上。"

施瓦布第二天又来了，上夜班的人已经擦掉了白板上的字，写上了一个大大的"7"。施瓦布满意地笑了，接着一句话没说就离开了。

那些上白班的人来了看到白板上的"7"字时，感觉它的意思似乎是在说他们不如上夜班的人。他们肯定不想输给对方，于是，他们努力勤奋地工作。到下班的时候，他们非常骄傲地写了一个"10"字在白板上。

结果到了月底的时候，他们完成了额外的生产任务。

我们可以看到，施瓦布先生在这个过程中，没有对那些员工说要努力工作的话。他到底是用了什么样的办法，让他们积极主动地工作呢?

非常容易理解,他激发起了员工之间那种互相超越的欲望,这是一种非常重要的竞争意识。实践证明,这种竞争意识的力量是非常强大的。

第三,给别人一个美名。莎士比亚曾经说过:"假如你希望拥有一种美德,不妨先假设你已经拥有了它。"所有人都有一个理想化的自己,而那个理想化的自己拥有几乎一切的美德。因此,你要是按照这个方法去做,提前给对方一个美名,那么,他们就会尽量去做到这一点。

给别人美名,能让你成为一个善于激励的管理者,那么,干吗不去做呢?因为帮助别人成功,就是你自己的成功:

最直接、最有效的方法,就是针对他人的优点进行赞美。

赞扬别人的每个进步,即使那个进步非常微小。

如果要激励我们所接触的人,认识他们拥有的宝藏,就要相信,我们的确可以改变他们。

第二部分
人际交往篇

第6章

摆脱 "社交障碍"

1. 幸福是自己争取的

医学在现代化器械和神奇药物的推动下迅猛发展的同时，有一种新的疾病在20世纪诞生了——孤独症。

小林恩·怀特是加利福尼亚州奥克兰市米勒学院的院长，他在参加基督教女青年会的晚宴时说了下面一番话：

"孤独是20世纪最严重的疾病。戴维德·瑞斯曼认为，我们是一群孤独的人。伴随着人口数量的快速增加，人们的联系慢慢变得越发紧密，形成了一片宽阔的'人的海洋'，人们逐渐淡忘了明确的邻里乡亲的观念。人们很难在某个地方付出或得到深厚的友谊，这是受到冷漠的人际关系，公司或机构规模的不断扩大，以及人们日益频繁的搬迁所影响。"

在这个比冰川世纪更寒冷的时代，人们的灵魂也冰冻住了，而上面提到的这些，只是让人心寒、使人悲伤的几点而已。

我们要想战胜孤独，就必须冲破自怨自艾的束缚，沐浴在灿烂的阳光下，结交新的朋友。如果你一直把自己囚禁在孤独的牢笼中，你的命运最终只有一个结局——不幸。

我一个朋友的丈夫在五年前去世了。从那时开始，她就陷入了孤独和悲伤的泥沼，变得和成千上万的美国人一样了。

持续了一个月这样的日子之后，有一天晚上，她对我说："我要怎么办呢？我应该去哪儿住？我的生活还会幸福吗？"

我安慰她说，失去丈夫必然是一件不幸的事情，不过事已至此，就算每天以泪洗面，悲伤度日，也不能让丈夫复活过来。你现在应该尽早地消除你内心的阴霾，早日重新找回属于自己的快乐。

她哭着说道："我还能开心吗？孩子们都已经结婚了，我也老了，没有人再需要我了。"实际上，现在的她已经患上了严重的孤独症，而且不知道应该如何医治。就这样过去了好几年，她的情况丝毫也不见好转。

然后，她打算搬到女儿那里和他们一家一起住。不过，她依然不能摆脱那段悲伤的经历，经常和女儿吵架打闹，甚至是翻脸。没有别的办法，她只能搬去和儿子同住，但是她又老是和儿子争吵。最后，她开始一个人生活，她的情况看起来更糟糕了。

一天，她向我哭诉道，就连孩子们也厌恶她了，全世界都抛弃了她。她始终觉得全世界都亏欠她，她真的再也无法有开心的感觉了。这个自私又可怜的老妇人的心智，变得几乎和小孩子一样，虽然她已经61岁了。

遭受过孤独之苦的人都不明白，天上不会自动降下友爱。不管是谁，他必须付出很多努力甚至代价，才能得到他人的欢迎和喜爱。无论遭遇到任何事情和任何困难，都不应成为你不幸福、不快乐的借口。

幸福和快乐从来不会主动送上门，它们是要你自己去争取的。

我还知道这样一个故事：

地中海碧蓝的水面上正航行着一艘邮轮，有许多正在度假中的夫妻在上面，其中也有不少单身的男性和女性。他们听着优美的音乐，欢乐地翩翩起舞。其中，有一位60多岁的单身女性表现得非常快乐、和善，她吸引了很多人的注目。然而实际上，她的丈夫也已经去世了，就和我的那位朋友一样，但如今，她已经重新变得快乐了起来。

她的丈夫曾经是她活着的最大的理由，是她生命中的全部。丈夫去世后，她那时感觉非常绝望，还好她很喜欢画水彩画，于是画画成了她的精神寄托。

　　很久以来，她几乎与外面的世界隔绝了，甚至无法找到一个吐露心声的对象。她一直问自己：如何才能让别人接纳她，如何才能变成受欢迎的人？

　　后来，她得到了答案。从此，她不再被动地等待别人施舍的同情，而是主动地奉献出了自己的一切。从那时开始，她开始了开心而忙碌的生活。她认真地画画，微笑始终挂在脸上。她常常去访问亲朋好友，给他们带去欢乐，但是她不会一直待在那里打扰他们。不久，大家都很欢迎她，她经常被邀请参加晚餐或是各种聚会。她的个人画展还在社区的会所里举办，大受好评。

　　参加了这次"地中海之旅"以后，她给很多人留下了深刻的印象，大家觉得她友善、和蔼、快乐，她和很多人成了好朋友。她去哪里，给别人带来的都是快乐和欢笑。这就是人们给她最大的赞赏和最好的评价。

　　相同的遭遇，却有着不一样的境况，这两位命运迥然不同的老妇人共同证明了这样一个道理：只要你内心深处真正地、深切地渴望得到幸福，并且愿意为它付出全部的努力，幸福对于所有人都是公平的，幸福之神就会降临。

2. 克服内心的恐惧

很多人过着孤独的生活，不是由于他们本性孤僻，而是由于他们有着恐惧和自卑的心理。但我觉得这一切完全可以改变。实际上，我始终在做这样的事情。

古欧吉特·勃布朗是《我与马依得荷林的生活》这本书的作者，他给我们描写了一个普通比利时女孩的巨大变化。书中这样写道：

饭店里有一个绰号叫作"洗盘子的玛希"的女孩把饭给我送来了。最初她的工作就是洗盘子，她长得很丑：斜眼、八字脚，看起来很笨的样子。

有一回，她给我送的是通心粉，我和她说："玛希，你没看到自己内在的才华。"

她对各种不屑、不敬的语言早就已经习惯了，听了我的话，她大吃一惊，站在那里发呆，后来，才想起来把装通心粉的盘子放在桌上。然后，她叹了口气说："我永远不相信我有这个东西。"她只是一直重复着刚才我说的话，没有问我是谁就离开了——她觉得我没有和她开玩笑。

没多长时间，人们慢慢注意到她的变化，也渐渐开始尊重她了。因为她真的相信，自己有些内在的才华，于是，她开始留意自己的形象，终于展示出少女所拥有的青春和光彩。

事情刚过去了两个月，玛希就声称，自己要嫁给大厨的侄子。她说："我要变成一个淑女。"她还跑来谢谢我，原因是我给了她一个鼓励，她的命运就这样改变了。

"洗盘子的玛希"仅仅获得了一句少有的赞美，就开始了她光辉灿烂的人生。

撒慕尔·华克莱是鲍丁火车厂的董事长，他说："假如你对一个人表示尊重，那么，你就很容易去引导他，特别是当你钦佩他的某种能力时。"

换言之，你必须先对他这方面的素质表示认同，你才能改变这个人的某个方面。正像莎士比亚说的那样："如果你缺少某种品行，那就假装自己有就好了。"

更让人不可思议的是，和对方说他有你盼望他有的那种品行，给他"一顶好帽子"，他就会努力朝着你所期望的方向去努力。

我在实际的工作中运用了这个方法，结果，我帮助很多人消除了心理障碍，让他们重新融入到了团体当中。

我曾在我的培训班开课之前做过一次调查：让每个人说出为什么要来上课和期望从口才训练课中取得的收获。结果显示，大多数人的需要和愿望居然惊人的一致，他们是这样回答的：

"每当我站起来说话时，我就感到浑身不自在，心一直跳，我的脑袋开始糊涂，不能集中注意力思考问题，也不知道自己在说什么。因此，我想变得自信，可以在所有人面前滔滔不绝，可以说服我想说服的任何人。"

在我的耐心指导下，我的许多学员都走出了恐惧交流的怪圈。一位公司的董事长胡里奥说，他不再感到恐惧，现在，他能够在3000人面前慷慨陈词，他成了"世界上最快乐的人"，这些都是因为我的培训班。而让说话成为一种快乐，正是卡耐基培训班的目的。

有一天，胡里奥先生来到我的办公室，和我说："无论在任何场合，我说话时总是觉得害怕。但我明白，作为董事长，当众讲话是不可避免的事。即使在认识很多年的董事面前，我也会紧张得声音发抖，手心流汗，说不出一句话来。这种情况已经有许多年了，我差不多是病入膏肓了。卡耐基先生，你确定能帮我改正这让人烦恼的毛病吗？"

"如果不相信我的话，那你还来找我干吗呢？"我回答。

胡里奥先生说："我亲眼目睹了一个害羞的人的惊人变化。他是我公司里的一个会计师，生性害羞。他必须先要穿过我的办公室，才能进入自己的办公室，他每次都是盯着地板，就像害怕踩死一只蚂蚁似的悄悄地进入自己的办公室，和我主动打招呼更是不可能的事情。但是近日来，我发现他从我面前经过时总是抬头挺胸的，而且还大方主动地跟我打招呼，就像变了一个人一样。天啊，究竟发生了什么事？我问他是谁改变了他，他说是你，卡耐基先生。这就是我为什么要来找你。"

我告诉他："请你准时来上课，如果你也想有所改变的话。"

"我会成为世界上最快乐的人，如果我真的可以不再恐惧面对众人讲话的话。"胡里奥先生高兴地说。

胡里奥先生言出必行，果然过来上课了。三个月以后，他受我的邀请前来参加一场3000人的聚会，并在众人面前谈起他参加卡耐基培训班的内心感悟。

他推掉了早已定好的约会，就是为了告诉人们卡耐基训练班的好处。他在聚会上侃侃而谈，足足讲了有十多分钟，远远超过了我之前设定的两分钟。在场的所有人都被他的演说深深打动了，他和当初那个胆小如鼠的自己简直是判若两人。

胡里奥先生的生活因为参加了这个培训班而发生了惊天动地的变化。说话对于他来说是一件令人愉快的事情，不再是一项酷刑了。

就算是职业演讲家，也不容易克服登台时的恐惧心理。他们演讲的时候，也一定会心生怯意，并且会在最开始的几句话中表现出来这种怯意。但不一样的是，他们会强迫自己保持镇定，尽量克制住内心的恐惧。

有机会的话，你可以去我家，我会把我收到的来自世界各地的感谢信展示给你看。这些感谢信有的来自企业界的领袖，有的来自州长、国会议员、大学校长和娱乐圈的明星，更多的则是来自一些默默无闻的普通人，有企业中的主管人员、工人、大学生、工会成员、家庭主妇、牧师等。

他们的共同特点是：刚开始都不善言辞，都认为自己需要表达自己的观点，与别人沟通，让别人了解和接纳自己，但是却缺少足够的勇气，足够的自信心。他们特意给我写信表示感谢的原因是，他们取得了一定的成绩并实现了自己的目标，因此他们都心怀感激。

所以，当你在酒会上需要鼓起勇气讲话或者和你的客户谈判的时候——其实是在所有需要你展示口才的时候——你都能够借助他人的经验来激励自己。借鉴他人的经验来建立自信的具体方法有以下几种：

1.首先获得成功的经验，再以此不停地激励自己，这是克服当众说话那种难以阻遏的恐惧感的最好的办法。

2.你可以选择一个故事来鼓起你的勇气，一个给你深刻印象，或者和你刚开始的情况差不多但是后来却成功了的人的故事，你可以想到，每个人最开始都是胆怯的。当你觉得恐惧时，想一下这种恐惧已经被别人成功应对过了。

3.了解别人克服恐惧的方法，例如肌肉训练法、心理暗示法、深呼吸法等，有意识地去训练。要么就直接把自己想象成别人，把自己的恐惧想象成是别人经历过的。然后，最终他成功了！

3. 巧妙地树立自信心

我班上的很多学员在学习完了之后会坐在一起谈自己的体会。对自己有了的信心，是许多人认为他们所学到的最重要的东西。也就是说，他们对自己的成功更加有信心了。从某种意义上来说，没有什么比自信更能使一个人走向成功的。

《贝德克旅行指南》这本书说，攀登阿尔卑斯山非常困难。前几年，我和我的朋友想要征服这座传说中很危险的山。于是，我们来到了阿尔卑斯山的维尔德·凯塞山面前。我想说，我们两个都并非专业的登山者，最终我们还是取得了成功。

朋友在我们登山前还问我们是否会成功，我语气坚定地对他说："肯定会的！"

那位朋友接着问道："你怎么这么肯定呢？"

我回答："我做所有事情都不会去想失败的。"

那么，具体应该怎么样培养自信心呢？你可以根据下面的训练方法，有针对性地去提高你的自信心：

第一，做好充分的准备，树立成功的信心。美国最著名的心理学家威廉·鲁姆斯说过："行动似乎是紧跟着感觉之后产生的，但实际上它是和感觉并行的。行动受意念的直接控制，通过意念来控制行动，我们也能够间接地控制感觉，但是感觉却不受意念的直接控制。所以，如果我们失去了原本的自然的快乐，那么，快快乐乐地坐下来，让自己看起来很快乐，就是让你自己变得快乐的最佳方法。要是这种方法还是无法使你觉得快乐，那就没有别的办法了。因此，让自己感觉自己很勇敢，而且看起来似乎真的很勇敢，并竭尽所能、运用你一切的意念去达到这个目标，那么，恐惧就很有可能被勇气所取代。"

说话之前所做的准备和一个人达到成功说服的目的之间有很大关系。林肯说过："就算是再有实力的人，假如没有精心的准备，也不能说出有系统、高水平的话来。"

因此，你需要在说话前大范围地搜集材料，并且深入细致地思考你的主题。当你确定自己准备充足以后，可以想象和他人说话时，自己拥有绝对的控制力。这肯定不难做到。你要想成功的话，必须要相信自己能够成功——坚定不移地相信自己。

请牢记威廉·詹姆斯的劝告：**为了培养信心和勇气，当你站在观众面前的时候，可以让自己看起来拥有那种信心和勇气。**

第一种树立自信的方法是，假如你对你要讲的内容已经非常熟悉，就应当轻松地走上台去，接着做一次深呼吸，做30秒的深呼吸，这样能够给你提神，带给你信心和勇气。著名男高音歌唱家简·德·雷斯基经常说："假如你气充于胸，那么紧张感自然就会消失。"

还有一个方法，就是站直你的身体，盯着观众的眼睛，接着充满信心地演讲，感觉似乎是所有人都欠了你的钱，他们只是为了乞求你宽限还钱的时间才坐在下面。这种心理作用，将会帮助你稳定你的情绪。

假如你对这种理论产生怀疑，你可以跟任何一个我班上的赞同这种观点的学员交流，你很快就会消除这种疑虑。假如你没有和他们交谈的机会，那就听一下一位伟大的美国人说的话吧——他通常被看作是勇气的象征，可是他之前也非常胆小，后来经过这样的训练后，最终变成了最勇敢的人。这个人就是西奥多·罗斯福总统。

克服当众讲话的恐惧，对我们做其他任何事情都会形成巨大的、潜移默化的影响。那些勇敢接受这项挑战的人，会发现自己正在走向完美，慢慢战胜当众讲话的恐惧，让自己脱胎换骨，过上更美满、更丰富的人生。

我班上的一个推销员学员，曾经和我说过："经过在班上几次站起来当众讲话后，我认为我能够应付任何人了。一天早晨，我遇到了一个平时特别凶的买主，当他还没来得及拒绝的时候，我就已经把样品放在他的桌子上了。最后呢，他给了我一份大订单。"

一个家庭主妇也对我说："之前，我总是害怕请邻居到我家里来，我怕我和他们无法愉快地谈话说笑。但是，通过几次上课并起立说话以后，我打算开一次家庭聚会。那次聚会非常成功，我在宾客之间来回周旋，随意地和他们说笑。"

经过这种有效的训练之后，这些学员感觉，自己已经轻松克服了恐惧和焦虑。之前他们担心会失败的事情，如今却成功了。他们从当众讲话中得到了自信心，从而让自己充满信心地面对每一天。

你一样也可以拥有这种胜利感，并迎接生活的挑战。假如你能够做到这一点，那些曾经让你感觉害怕的问题，也许就会变成你生活中有趣、愉快的挑战。

第二，针对自己的不足进行纠正性训练。假如确实存在一些不足，你可以进行针对性的训练，克服这些不足和困难，以此来树立自信。

德摩斯梯尼名列古希腊"十大演说家"之首，他从小就有口吃的毛病，而且，他在说话的时候，身体还会不停地抖动，总是一个肩膀高一个肩膀低。在那样一个重视口才的年代，他这样的人理所当然会遭到歧视。为此，他感到非常苦恼，并且有深深的自卑感。但是，他战胜了自卑感，以吃苦的精神和非凡的毅力进行艰苦的训练。

他每天清晨都站在海边，把石子含在口里进行练习。对于爱抖动这个毛病，他照着镜子练习，并且把两把剑挂在肩上，这样就不会抖动了。正如我们现在所知道的，经过刻苦的训练，他成了一个非常出色的、受人尊重的演说家。

第三，自我暗示，相信自己会成功。有一个英国年轻律师将和一群著名的律师在法庭上辩论，虽然他做了充分的准备，他还是有些忐忑不安，很害怕自己会搞砸。于是，他去向法拉第先生请教，他问法拉第："我必败无疑，因为我的对手们比我知道的多得多。"

法拉第先生简洁明了地对他说："假如你想要成功，就对自己说，他们什么都不知道。"

许多人都会遇到和这位青年人同样的问题，上面提到的两点正是他们真正的困难所在，虽然我们大多数人可能没有德摩斯梯尼那样不幸，没有口吃的毛病，也没有其他方面的缺点。

但要明白，心理学研究证明：我们身上总是有着不同程度的自卑感或者羞怯感。

来自美国的一个调查显示：大约有3/4的人在宴会上和陌生人接触时，会感觉到局促不安。同理，因为自卑感或者羞怯感引起的演讲或其他说话失败的事例更是时常发生。

这就说明，一个人缺乏自信，是他自己以为如此，而不是因为他自己真的天生不如人。所以，你要想正常甚至超常发挥，就必须完全克服这种感觉。

你一切的准备，全是为了说话的那几分钟。在一般情况下，无论你准备得怎么样，不自信的感觉都可能在说话的时候袭来。产生这种感觉的原因，也许是你觉得自己还没有完全准备好——事实上你已经准备得非常充分了。可是你觉得自己也许忽视了什么，也许是由于你担心你所讲的东西对他们来说太简单了，听众比你的水平高；或是你觉得也许会有什么突发事件发生，例如有人打断你说话，等等。

你必须想办法把这些消极的想法从你的心里赶出去，它们最致命的危害就是给你消极的自我暗示。

如果你想在当众说话中取得成功，你必须给自己一些积极的暗示。尝试一下以下方法，它们是经过多年的摸索得出来的：

1.确定题目有一定的价值。选定好演讲的题目后，要依据情况进行汇编、整理，并且要和朋友们讨论。但这样的准备还不太充分，你还必须具备坚定的态度，让自己确信这个题材是有价值的，用这些来激励自己，并坚信自己。

如何才能让自己确定这一点呢，这就要仔细挖掘演讲的题材，抓住其中深藏的意义，告诉你自己，听众将会从你的演讲中受益，他们听了之后会变成更加优秀的人。

2.不要去思考分散你注意力的事情。举个例子，如果你觉得自己也许会犯语法错误，或者半途突然讲不下去了，这些消极想法会让你在说话之前就失去信心。

说话前将注意力从自己身上移开是非常重要的。要去听别的说话者在说什么，集中你的精神，将你的注意力放在他们身上，如此一来，就不会让你对登台有过度的恐惧了。

3.进行适当的自我鼓励。所有的演讲者都会怀疑自己的演讲题材。比如，他很可能会在一念之间就更改题目，他会问自己这个题目合不合适，听众会不会感兴趣……这时，你的自信很有可能会被消极的思想彻底毁灭，因此，你必须先给自己打气，用简单的话去鼓励自己：

这次演讲来自我的经验，来自我对生命的看法，因此它非常适合我；我来做这个特殊的演讲比任何一个听众都更合适，我会尽我所有的力量，清清楚楚地来讲这个题目。

这种老套的方法的确管用吗？当然。现代实验心理学家们一致同意，这种由自我暗示而产生的动机就算是假装出来的，也会变成人们迅速学习的最有效的动力。如果是这样，那么依据事实所做的真诚的自我鼓励，自然效果就更好了。

4. 魅力来自于自信

我有个40岁的单身朋友，近些日子，他终于订婚了。未婚妻让他去学习跳舞，他对我抱怨说："我的天哪！我自从20年前开始跳舞后，始终都是这样跳的，我可不想再学跳舞了。但是以前给我上课的舞蹈老师说，我跳舞的方法是完全错误的，必须重新再学，把我这20多年的习惯全部抛弃。这让我连一点儿学跳舞的兴趣都没有了，我感到非常沮丧，于是索性就不去学了。

"教我的第二个老师没有像前一个老师那样说我，我接受起来就比较容易。这个老师说，我的基础还不错，就是跳得有点儿过时了，我只需再学一些新东西就完美了。我的第一个老师老是挑我的毛病，这使我非常郁闷。但是第二个老师常常称赞我的优点，对我的缺点看得很淡。比如，她会赞扬我有良好的韵律感，天生是块跳舞的料。

实际上，我心里非常清楚，我不会是位真正出色的舞者，然而，我还是愿意和第二位老师学跳舞。即使她是因为钱的原因才这么说的，可是我无所谓。因为我认为，我之所以有现在的进步，就是由于她说我天生有韵律感，这些都源自于她的鼓励，是她给了我信心解决自己的问题。"

如果你告诉你自己的孩子、爱人、下属，说他们在某方面缺乏天赋，这样一来，往往会让他们丧失学习的积极性，那你就是犯了致命的错误。相反，假如你豁达一点儿，对他们给予充分的鼓励，使他们相信他们可以干好，觉得自己还有很大的潜力，他们就会不停地努力，不断地进步。

人际关系专家罗维尔·托马斯就是运用这个方法带给他人信心和勇气。

有一回，我和托马斯夫妇一起过周末，他们请我玩桥牌。但是，我确实一点儿都不明白怎么玩，桥牌对我来说就是一个谜。因此，我诚实地告诉他们说，我压根儿不懂桥牌。没想到托马斯却说："没事儿的。戴尔，只要你能记住并且做出判断，桥牌其实是很简单的。没错，戴尔，你甚至都有写回忆文章的经历，这对你来说太容易了，肯定难不倒你。"

然后，顺理成章地，我就坐在了牌桌前——是托马斯使我鼓起了信心，使我认为桥牌真的不难学会。

桥牌让我想起了艾利·库柏森。他曾经写过关于桥牌的书，销量已经达到数百万册，被翻译为十几种语言在世界各地出版发行。但是，他对我说，他的人生本来可能是另外一个样子，都是因为一位年轻女士的鼓励，他才取得了今天的成就。

他刚来美国是在1922年，打算找一个教授哲学和社会学的工作，但是，当时却没有这种机会。然后，他又卖过煤和咖啡，也都没有成功。在做这些工作的业余时间，他喜欢玩玩桥牌，可是，他从来没有想过把桥牌作为自己的终身职业。

那时候，他玩桥牌的技术还比较差，喜欢问各种问题，还不停地和别人讨论，而且又特别固执己见，所以，大家都不想和他玩了。

后来，他结识了漂亮的桥牌老师约瑟芬·迪伦，他们相爱并结婚了。约瑟芬发觉，自己的丈夫总是全身心地研究自己的牌，于是就告诉他，他在桥牌方面有非凡的天赋和潜力。正是由于这样的鼓励，让他下定决心将桥牌作为自己的职业。

琼斯是俄亥俄州辛辛那提卡耐基班上的导师，他给我们讲了一个故事，他就是用这个道理让自己的儿子有所改变。

"我儿子大卫15岁了，他过去的经历很坎坷。12年前发生的一次车祸，造成他头部受伤，一道难看的疤现在还横在额头上。自从他来到辛辛那提后，一直和我一起生活，那之前，他跟随我的前妻在得克萨斯州的达拉斯生活。到我这里之前，他是达拉斯特别班里的学生，学习比较迟钝。学校觉得他的大脑遭受过伤害，给学习造成了障碍，因此两次让他留级了。所以到目前为止，他依然是七年级的学生，他不会背诵乘法口诀，他用手指数数，而且朗诵的时候也是磕磕巴巴的。

"幸亏他也有自己的特长，他喜欢研究电视机和收音机，他的梦想是做一名电视机技师。我特别支持他的这个唯一的爱好，我告诉他，那就必须先学好数学，才能实现你的梦想。然后，我就帮他补习数学，为他买了包含加减乘除的四组彩色卡片，和他一起看卡片，要他把正确的答案放在空白栏里面。如果他弄错了，我会说他是错误的，然后再放到对的位置。

"在花费了很多的时间和精力之后，他终于都放对了。在那之后，我每晚都让他再完整地放一次，并且给他计算时间。我对他说，如果他在8分钟之内能把所有的卡片放在正确的位置，就没必要每天都去做了。那个时候，对他而言，这绝对是无法做到的。他第一次花了52分钟，第二次花了48分钟，接下来，45分钟，41分钟，40分钟……

"每次他有进步，我们就会庆祝一下。他后来用不了40分钟就可以完成了，我叫回他的妈妈，我们和儿子抱在一起跳起吉格舞来。再然后，发生了奇迹，在月底的时候，他花了不到8分钟的时间就正确地放完了所有的卡片。我不停地激励他再进步，他最终发现，学习不再是一件困难的事了，学习的乐趣取代了它！"

大卫做到的这一切都是因为父亲的鼓励。当这个曾经留级两年的学生、被学校认为大脑有问题的学生、同学口中的"现代原始人"发现学习的乐趣时，发生了一个个的奇迹。从那时开始直到高中毕业，他都始终名列前茅。在高中期间，全国荣誉协会还曾经选中过他。

当大卫发现学习不是一件艰苦的事情时，他的整个生命都因此而改变了。

找到使你感觉不自信的根源，并尽力去解决它们。化卑微为高尚、化丑陋为美丽、化软弱为强壮的神奇魔力就是自信。

一直在心里默念："我是最好的。"用不了多久，你就会发现，你的生活正在或者即将变得更加美好。

自卑的阶段，大多数成功的人都曾经历过，自信既然能成为他们成功的原因，也必定能成为你成功的原因，只要你想获得成功。

第7章

保持良好的社交形象

1. 谦逊是一种非凡的力量

谦逊的价值，在现代西方文化中似乎已经被淡忘了。世俗的看法认为，谦逊对我们的生活没有什么帮助，它在各种各样的现实问题面前看起来心有余而力不足。人们错误地把谦逊这个真正伟大的美德当成了软弱可欺，却把骄傲和无所畏惧看作了人类最大、最应该具有的美德。

他们也许觉得，谦逊就是自卑或懦弱，但是实际上，谦逊的真正含义并不是这样的。

真正的谦逊都是完全相反的。只有谦逊的人才配得上伟人这个称呼，真正的伟人都是非常谦逊的。人类历史上出现的那些最令人尊敬的伟人都坦诚地说，他们身上的伟大光辉不是来自于他们本身，而是他们身上另一种更强大的力量在他们身上而产生的结果。

那些甘愿隐藏自己光芒、把自己放在平凡位置上的人，才是真正谦逊的人。

"假如把未知的真理比作无边无际的大海，那么，我渺小得简直就像是一个在沙滩上玩耍的小孩儿。"世界上最伟大的自然科学家伊萨克·牛顿，在垂暮之年曾经发出如此的感慨。

巧合的是，另一个伟大的自然科学家爱因斯坦，也把自己形容为懵懂无知的孩子，同样因此而闻名于世。

另外，还有沃尔特·拉塞尔博士，这位科学家在多个领域取得了举世瞩目的成就，他也表达了自己的观点：**"你要是想真正地发现自我，你只有真正地忘却自我。长此以往，个人的狭隘的自我，终究会被宇宙的自我所替代，直到消失。"**

时时刻刻做到谦逊，是让我们变得伟大的唯一方法。我们要想真正明白谦逊的深刻内涵，就必须要在谦逊的道路上越走越远。谦逊地坦承我们所不了解的事情，在我看来，不算是一件丢人的事情。

假如一位医生能谦逊地坦承：自己并不了解所有的疾病、症状和治疗方法，那为什么我们不能坦承我们并不知道所有的事情呢？我们还有什么好忌讳的呢？就连苏格拉底都敢大大方方承认自己只是个傻瓜！

低调做人的态度，是谦逊的人所秉承的。实践证明，**要想做得**

更好，只有放低自己。

新泽西州的阿伯特，曾经在圣地亚哥的一艘驱逐舰上担任轮机长，他讲述了在任时对人生产生新的认识和感受的经历：

"他们居然把我这个笨拙的会计师调去负责舰上那些锅炉室、轮机室和其他所有机械和设备的工作，也许这是海军的一贯传统。

"你要明白，我这一生几乎都没有去过轮机室，上舰前的一个月我始终是担惊受怕的，上舰后的几个星期，我还是无法去适应。后来证明，机械设备一切运转正常，我所有的担忧基本上都是多余的，世界上的困难都是能够克服的。

"在舰上干了差不多一个月的活儿之后，我们得到了三天的周末休假。把这个好消息告诉手下的人的时候，我对他们说，完全是因为他们在过去一个月里的优秀表现，他们才能获得这个特别假期，这都是我们共同努力的结果。所有人都尽职尽责，我们的轮机部门变得无比强大。

"当时说这些话的时候，我没有想过它其中蕴含着的意义，过了几天，我才猛然意识到，这实际上就是一个事实啊！大家各尽其责，表现优异，并且完成了我之前没有把握的事情。

"我本来以为，是自己一个人承担了所有的责任。我们完全不用去担忧整艘舰船会因为我们而被炸毁，更没必要担心我们也许无法按时完成任务。我知道，我们身边总是有很多好心人，我们并不是孤立无助的，总有人在我们需要帮助的时候对我们给予帮助，就像我们帮助别人一样。"

是的，好人在这个世界上到处都有。当然，骗子、恶棍、盗贼、流氓都不可避免地会出现在我们的生命中。

但是，我们需要明白，只有一个人非常成熟后他才会意识到，有时候偶然碰到一两个坏人并不代表全世界都是坏人，就像有燕子飞过并不代表春天已经来临一样。

我们经常会被他人的行为和态度所影响，这让我们变得愤世嫉俗，自以为"这个世界上就是没有好人"。

前几年的时候，我来纽约开创一项新事业，我曾经有过一次痛苦的经历，并且为此付出了昂贵的代价——赔光了几百万美元。我在很长时间里都非常气愤，当然，我也毫无办法。于是，我就开始相信一些龌龊的商业伦理故事，认为自己是上了奸商的当，变成了商业欺诈行为的牺牲品。

一直到了后来，我才逐渐意识到，假如我当时稍稍动一下脑筋的话，就不会发生这样的事了。我自己的愚蠢造成了这一切，和别人没有任何关系，要怪只能怪我自己。

当然，承认失败是由于自己的愚蠢造成的，要比相信我们是因他人的恶行而受害要困难得多。世人认为最难说出口的一句话是"我是个傻瓜"。但是，我们要是想成熟，想脱离感情上的婴儿期，那么，我们必须要勇敢地说出这句话。

　　不要忘记，谦逊永远不会降低你的人格，让你成为不可知论者，反过来，它会把你的诚实和谦虚放大，让越来越多的人喜欢和你来往。

2. 保持自我

"你对于这个世界来说是全新的，以前从来没有过，以后也不会再有。从天地诞生那一刻起一直到现在，都没有一个人和你完全一样，以后，也不会再出现一个和你完全一样的人。你之所以是你，根据遗传学原理，是你母亲的23对染色体和你父亲的23对染色体互相作用的结果，你的遗传基因是由这46对染色体加在一起决定的。"

阿伦·舒恩费教授写道："也许有几十个到几百个遗传因子存在于每一条染色体里面。在特定的情况下，每个遗传因子都可以改变人生。"

所以，你知道了吧，我们就是这样"既可怕又神奇"地诞生的。

就算你的父亲和母亲命定要相遇并且结婚生子，把你生出来的机会也只是三十亿分之一。这就是说，假如你有三十亿个兄弟姐妹，你或许和他们完全不一样。这就是科学事实，不是科幻影片。

如果你想更多地了解一些这个问题，我给你推荐一本书——《遗传与你》，作者是阿伦·舒恩费。我在这里只想和你讨论一下关于保持本色这个问题，因为我对这一点感触颇多。在这个问题上，我曾有过一段心痛的经历，并且付出了惨重的代价。

我在年轻的时候从老家密苏里州来到纽约这样的大都市，成为美国戏剧学院的一名学生。成为一名演员是我当时的想法，并且，我觉得这是一条通往成功的道路。我的思想很单纯，并且认为自己的计划非常完美，让我感到不解的是，为何成千上万富有野心的人没有发现这一点。

我当时的想法是，我想先学习当时著名演员的演技，学会他们所有人的优点，如此我就能够成为一个全能演员，把所有人的优点集于一身。我当时竟然为了这个理想浪费了那么多的时间，这是多么愚蠢、多么荒谬的想法啊！

最终我才知道，我不会成为任何人，我最大的成就就是保持自我。

坎坷的经历本来应该使我变得成熟，可是，事实并不是这样的。我依然没有吸取教训，以至于又得到了一次教训。过了几年，我决定写一本书，我希望这本书变成公开演讲中最出色的一本书。

在写书的过程中，我再一次犯了和演戏时同样的错误，还是想把其他所有作者的观点全部挪过来放在我的书里面，使我的书成为一本百科全书，包含所有的内容。

为了写好这本书，我买了十几本关于当众演讲的书，花了一年的时间提炼所有的概念。最终我才发现，我又做了一件愚蠢的事情，这本书很做作，既无聊又枯燥，没有任何可读性，因为它是一本拼凑各种观点而形成的书。

不必说，我一年的心血全都白费了，所有的东西都要重新开始。这次经历后，我对自己说："不管怎么样，你都不能变成别人，你一定要活出你自己。"

安杰罗·派屈，这位在儿童教育领域曾经写过13本书和几千篇文章的作家说过，**"世界上最痛苦的事情，就是想做其他人，或者除了自己以外其他的东西"**。

做和自己迥然不同的人，是好莱坞提倡的潮流。好莱坞一位著名的导演山姆·伍德说，启发一些年轻的演员，让他们保持自己的本色，是他最头疼的事情。让观众们不能忍受的是，每个演员都愿意做二流的拉娜·透纳、二流的克拉克·盖博。因为这些原因，他必须每天提醒他们："你们需要更新的东西。"

山姆·伍德在导演《万世师表》和《战地钟声》之前，曾在房地产行业有过多年从业经验，因此，他熟知很多推销技巧。在他眼中，在其他生意或电影业中都可以运用这样的道理。假如你亦步亦趋，什么都学别人，反倒会产生"画虎不成反类犬"的坏效果。

他说："最好的办法就是丢开那些装腔作势的家伙，这就是我的经验。"

著名心理学家威廉·詹姆斯说过，大部分人只活在自己体内有限空间的一小部分里。我们有许多的能力，可是不知道怎么去利用。

我们都拥有这种能力，所以，不要为自己不是别人而苦恼。否定自己的本色和价值、迷信他人和外在的光彩，寄希望成为其他的什么人，会让你变得混乱而毫无理性。这样，幸福的生活自然和你没有缘分。

相反，你可以认同自己的价值，保持个人的本色，你就会变得自信起来，而你的生命也会随之焕发活力与生机。

3. 用友善化解暴戾

"要是你找我的时候握紧两个拳头，"威尔逊总统说，"不好意思，我会确定我的拳头会和你握得一样紧。但假如你到我这里说，我们坐下来看看，我们的意见为什么会彼此不同，那么，要不了多久我们就会发现，我们的看法大部分是相同的，我们的分歧其实不太大。所以，只要我们有耐心相互沟通，我们就可以互相理解。"

小约翰·洛克菲勒是最欣赏威尔逊总统这些至理名言的。1915年，洛克菲勒还是科罗拉多州一个一文不名的人。科罗拉多州见证了美国工业史中流血最多的罢工潮，这次罢工持续了两年的时间，科罗拉多煤铁公司被愤怒、粗野的矿工包围着，人们要求增加工资，而洛克菲勒正是拥有这家公司的人。

当时，发生了很多流血事件，房产被毁坏，军队也被调动出来。

罢工的工人被镇压和杀害，很多尸体遍体鳞伤。在那样一种充满仇恨的地方，洛克菲勒却要让罢工者接受他的意见，他也确实做到了，运用的就是这种方法。

他先用了好几个星期与工人们交涉，接着又对工人代表发表演讲。这篇演说可以说是一篇杰作，而且造成了惊人的效果：它不但减轻了恐吓者要吞下洛克菲勒的仇恨，而且给他赢得了很多赞赏者。

他用非常友善的态度来说明事实，使罢工工人回去工作，而不再说起增加薪资的事情。这是那篇著名演讲的开头部分，它展现出来的友善精神流露在字里行间。

要明白，听洛克菲勒这次演讲的人，几天前还想把他吊死在苹果树上。但是，面对这些人，他却做到了仁慈和友善。他的演讲内容如下：

"今天，是我一生中值得纪念的日子，这是我第一次荣幸地见到这家公司的劳工代表、职员和监督们。说实话，我来到这里非常幸运，而且我绝对不会忘记这次聚会。假如这次聚会在两个星期之前举行，我对于你们大部分的人来说肯定是个陌生人，而且只有少数的面孔我能认出来。

"上个星期，我得到了访问南部矿区所有住户的机会，除了外出的代表，我差不多和所有的劳工代表都谈过话。我见到了你们的家人，看到了你们的妻子儿女。今天我们在这里见面，不再是陌生人，而是朋友。也正是在这种互相友善的环境中，我很荣幸得到这样的机会和你们探讨我们共同关心的问题。

"这个集会是由公司职员和工人代表参加的。因为你们的厚爱，我才能来到这里。我依然认为，和你们关系亲密，虽然我既不是公司职员，也不是工人代表。因为从某种程度上来说，我代表了股东和董事双方。"

......

如果你感觉愤怒，冲别人发一顿火，你当然觉得痛快了，可是对方会如何想呢？你的痛快他能分享到吗？他能赞同你那充满火药味的声调、仇视的态度吗？一个化仇敌为朋友的最理想的例子，就是小约翰·洛克菲勒的故事。

如果洛克菲勒运用别的办法，比如，和那些矿工争论，态度强硬地在他们面前摆出毁坏矿场的事实来；如果他用暗示的语气告诉他们，说他们是错误的；如果他使用逻辑规则去证明他们是错误的……那么结果会是怎么样的？那肯定会激起更多的愤怒、更多的反抗和更多的仇恨。

林肯大概在100年前就曾经说过自己的看法，他是这么说的："一句古老的格言说，一滴蜂蜜比一加仑胆汁能捕捉到更多的苍蝇。

对人来说也是同理。你必须先让他相信你是他真正的朋友，才能让别人同意你的观点。这就像一滴蜂蜜。用一滴蜂蜜得到了他的心，这样的话，你就可以让他走在理智的康庄大道上。"

假如一个人由于与你不和，并且对你有厌恶感而对你心怀不满，那么，你无论如何都无法让他信服于你。

责备的父母、强硬的上司和丈夫，还有唠叨不停的妻子们应该懂得：别人不想去改变自己的想法，不要勉强或者强迫他们和你们的意见一致。但是，假如我们非常温柔友善的话，我们就可以引领他们和我们去往同样的方向。

如今，越来越多的人意识到了这一点，更多的商人们也开始慢慢明白，态度友善地对待罢工者，是非常值得的。

当华特汽车公司的25000名工人为了增加工资而举行罢工的时候，公司经理伯莱克没有表现出愤怒、责骂和恫吓。让人没想到的是，他居然赞成罢工者。

他在《克里夫兰报》上做广告，称赞他们是"放下工具的和平人士"。当他注意到罢工纠察队的人无所事事的时候，他请他们在空地上打棒球，还给他们买了棒球棍和手套。他甚至租了一间棒球室给他们，目的是为了讨好那些喜欢打棒球的人。

伯莱克经理的友善态度，立刻唤起了罢工者心中的友善精神，产生了良好的效果。于是，罢工者借来铁铲、扫帚、垃圾车，开始清扫工厂的场地。这种事情在美国的罢工历史中闻所未闻——那次罢工事件在一星期内，以没有任何怀恨或冲突的情绪结束了。

丹尼尔·韦斯特是一位相貌出众、能言善辩而且非常有成就的辩护律师。他善于用友善、温和的语言在法庭上表达他那强有力的观点。

例如，他会说"请陪审团考虑一下这一点""各位，这或许值得好好想一想""各位，我相信你们是不会忽略这几个事实的"，或者"你们很容易看出这些事实的重要，因为你们对人性非常了解"……

他从来不把自己的意见强加给他人，也从不用威逼、高压的手段。韦斯特之所以名震一时，是因为他和风细雨、友善地为他人做辩护。

当然，很多人也许永远也不会去经历罢工潮，或是对陪审团发言，但是，你可能会期望房东会减少你的房租。这样的话，这种友善的方法也会对你有好大的好处。

假如一个人意识到了，友善的方式可以更好地改善身边的人际关系，那么，他在日常生活中也会表现出来温和、友善的态度。

只有友善的方法才能征服别人的内心，强暴粗鲁的方法永远不会赢得好人缘。

4. 学会时时自省

在我的档案柜里有一个私人档案夹，上面写着"我曾经做过的蠢事"，我做过的一些蠢事都被记录在了里面。虽然，有时候我会以口述的方式让我的秘书记下来，但是，多数时候，我还是亲手写下来。因为，我经常觉得这些私事并不太光彩，不好意思透露给别人。

每次拿起那份"愚蠢档案"，重新面对自我的批评时，我都更加清楚地知道，自我管理其实是最难解决的问题。

我之前把自己的麻烦怪罪于他人，可是随着年龄的增长，我慢慢地懂得了，我最应该责怪的人就是我自己，而不是其他任何人。拿破仑在被放逐到圣赫勒拿岛时，也认识到了这个问题，于是他颇有感触地说："我的失败与任何人都没有关系，完全是我咎由自取。到了现在我才明白，我自己其实就是我最大的敌人，这正是我为什么陷入了如此悲惨境地的原因。"

我们来看一下豪威尔先生的故事。豪威尔最开始只是一个乡下小店的售货员，最后，他凭借自己的努力成了美国财经领域的领袖人物，曾经担任美国商业信托银行董事长和几家大型公司的董事。

有一回，我向豪威尔先生请教成功的秘诀，他说："我有一个记事本，一天中的约会时间都被记载在了上面。周末晚上，家人从来不指望我会有空闲，因为他们一直就明白，周末晚上，我要对这一周的工作表现进行总结和评估，这是我固定的自省时间。

"吃完晚饭后，我自己待在房间里面，打开记事本，开始回忆这一周的面谈、讨论会和会议过程。我问我自己，我当时哪些事做错了，哪些事做对了，有哪些地方需要改进，有什么经验教训我可以吸取。我对这些检讨感到很不开心。有时候，我会诧异于自己鲁莽的言行。然而，随着年龄的增长，这类事情出现得越来越少了。自我检讨对我的帮助非常大，我保持了很多年这种习惯。"

富兰克林和豪威尔先生自省的做法差不多。但是，富兰克林天天都要进行自我反省。他通过仔细认真的分析，发现了13个重大的缺点：关心琐事、浪费时间、与人争执……

富兰克林发现，假如不改掉这些缺点的话，他就不会成就一番大事业。因此，他制定了周详的计划，确定了每个星期要改的缺点，而且每天都把赢的一方记录下来。假如成功改掉了一个缺点，下个星期就会接着拿下另外一个难题。

他的生活在整整两年的时间中，其实都是在和缺点不断地斗争中度过的。现在，你应该明白，富兰克林之所以能成为伟人，而有些人却只能碌碌无为的真正原因了吧！

从自省的行为习惯中，我们能够领悟到另外一种很好的社交技巧，那就是自我批评。当一个人进行自我批评时，经常可以获得信任。

假如有人骂你愚蠢，你会如何呢？林肯就曾经被他的军务部长爱德华·史丹顿大胆地骂过。事情是这么回事：林肯签署了一项调动兵团的命令，目的是为了得到一些自私自利的政客的赞同。

史丹顿不但不想执行总统的命令，而且指责他太愚蠢了。林肯通过他人获知了这件事，别人都觉得林肯会很愤怒，而他却冷静地说："因为史丹顿几乎从来不做错事，他既然骂我愚蠢，那就说明我确实非常笨。我会自己找他单独谈谈的。"

林肯言出必行，的确去找史丹顿了，而且最后收回了命令，因为史丹顿的真诚和好意被他感受到了。我们这些凡夫俗子怎么会永远是对的呢，因为连罗斯福总统和爱因斯坦这样伟大的人物，都不敢确保自己的每个决策都是正确的。

"当局者迷，旁观者清"，这是中国的一句古话。假如你受到了恶意的攻击而愤怒不已时，不要着急为自己辩解或者反击，而是应该先对自己说："十全十美的人在这个世界上根本就不存在。就连爱因斯坦都承认，自己99%的结论都是错误的，那么，我最少80%的时间是错误的。"

对你来说，当批评不再只是指责和辱骂的时候，你就应该满怀感恩了，因为只要足够清醒，你必定会从中获得一些益处。

真正有智慧的人会想办法从批评中学习并提高自己，而不是像大部分人那样，因为别人严厉的批评而愤怒，甚至是丧失理智。

假如自己是正确的，就应该使用一些技巧，友好而委婉地让自己的看法被别人所接受。如果发现是自己的错误，就要尽快真诚地去接受，而不要总想着为自己争辩。

我认识一个香皂销售员，他甚至主动要求别人批评他。最开始，他在推销高露洁公司生产的香皂时，并没有什么订单，但他想保住这份好不容易得来的工作。他经过分析问题后觉得自己身上有问题。要是推销失败了，他肯定会仔细去总结哪些地方自己做得不好，哪些地方需要改进。有的时候，他还会折返回去，多次拜访那些商家，请求他们的指正和意见。

推销员因为这种执着的态度得到了什么好处呢？他最终成了当

时最大的香皂公司，也就是高露洁公司的老板——李特先生。

谨记，平安快乐的原则是：

1.不要放过任何自我批评的机会，认真地记下自己做过的蠢事，因为对你来说，每一次的自我批评都是一次自我提升。

2.不管多伟大、多聪明的人，也不敢确保自己做的每一件事、每一个决定都是正确的，因此，每天花5分钟的时间反省自己一下。

3.我们对自己的认识，肯定没有敌人对我们的看法更彻底，更接近事实。

4.反对你、批评你的人能够教给你更多的东西，不应只向肯定你、喜欢你、赞同你的人讨教、学习。

5. 微笑令你万事顺遂

我最近这段时间在纽约参加了一个宴会。在客厅中有一位女士，也许她刚刚得到了一大笔巨额遗产，又或是她想要给别人留下良好的印象，总之，她不惜花费大量的钱，买了名贵的貂皮、钻石、珍珠来打扮自己。然而，她的尖酸刻薄都刻画在了她的面部表情上，很明显，除了衣着装饰，她在自己的面孔上没有下过什么功夫。

她并不懂得，男人们心中想的是什么，一个女人的面部表情要比她身上穿的衣服重要得多。

一天下午，我跟莫里斯·雪弗莱在一起。说实话，开始时我感觉非常失望，因为他始终沉默不语，郁郁寡欢，跟我所期望的完全不一样。幸而他后来有了微笑，这微笑就像太阳穿透了乌云。我想，要不是因为他的微笑，雪弗莱也许还在巴黎，和他的父亲和兄长一样，继续当一个木匠，或者说是制造家具的人。

做一个经常微笑的人，微笑会让你明白："我喜欢你，你让我快乐，见到你我很开心。"

人们之所以喜欢狗，就是这个原因。它们看见我们时老是非常高兴，就像心几乎都要从肚子里跳出来似的。所以，我们见到它们也会很高兴。

相同的效果也出现在孩子的笑容上。你有没有过待在过医院候诊室里的经历？通常，周围的人全都阴沉着脸，一副苦闷不堪的模样。密苏里州的兽医史蒂芬·施波尔和我说过这样一件事：

一个春天，带着宠物准备注射疫苗的人挤满了他的兽医候诊室。可能是所有人都在想应该做些什么，而不是在那儿坐着浪费时间，但却没人敢于打破僵局。因此，候诊室里的气氛非常沉闷，也没有人在聊天。

这时，一位女士进来了，她带着一只小猫和一个差不多九个月大的孩子。她的旁边坐着一位男士，而这位男士已经等得没什么耐心了。但是，在他朝旁边看时，他发现自己一直被那个孩子注视着，并张开嘴天真无邪地对着他笑。猜猜这位男士会怎么样？

就像我们猜测的那样，他也对小孩笑了一下，接着，就和那位母亲聊了起来。他们聊天的话题是她的孩子、他的孙子和天气。没多久，本来无聊乏味的候诊室就开始变得活跃起来了，大家开始谈笑风生，所有人的无聊等待，此刻都变成了一种愉悦的体验。

那小孩的笑是不是不真诚的笑呢？肯定不是。不真诚的笑是骗不了人的。那种笑是机械的，人人都厌恶它。我们所说的微笑，是一种真正的微笑、热心的微笑、发自内心的微笑，在人际交往中，只有这样的微笑才具有价值。

威廉·史坦哈是一个神情严肃的人，就算在家里，他也很少笑，他给别人的印象是，他的生活很沉重，或者说是苦闷。

有一回，史坦哈在参加继续教育培训班时，有人要求他用微笑的经验发表一段演讲，然后，他打算亲自实践一个星期。去上班的路上，史坦哈会对大楼的电梯管理员微笑，并且说一声"早安"；他对大楼门口的警卫用微笑打招呼；他对地铁的检票小姐微笑；当他站在交易所时，他用微笑对待那些以前从没见过他微笑的人。

很快，史坦哈发现，所有的人也给予他友善的微笑。面对那些满腹牢骚的人，他也报以微笑。他一边听他们抱怨，一边微笑着，很快，问题就解决了。他诧异地发现，自己的收入因此变得更多了。

到家后，史坦哈和妻子微笑着说话，再也不板着脸对孩子们说话，温馨的气氛充溢着整个曾经沉闷的家。让人难以置信的是，这一切看起来非常艰难，都却来自于简单的微笑。

卡狄纳的第三棒球名将勃德格，转行后变成美国最成功的保险经纪人。他在述说自己的成功经历时提到，最受欢迎的人永远是会微笑的人。因此，在进入一个人的办公室前，他总是会回忆一下自己应该感谢的人或者事情，引起一个发自内心的、真诚的微笑后，在微笑慢慢地从脸上消失前迅速进去。他相信，这就是他为什么能获得巨大的成功的重要原因。

詹姆斯·麦克奈尔教授是密歇根大学的心理学家，他在谈到他对笑的看法时说，**笑容比皱眉头更能传达你的心意。永远带着笑容的人在教育、管理、推销上更容易获得成效，也更容易培养快乐的下一代。**

第8章

与他人建立真挚的友谊

1. 交际中的互惠原则

阿尔弗雷德·阿德勒是一名伟大的心理学家，他经常对那些精神忧郁症患者说："假如你按照我开的处方去做的话，两周之内你的病就会治好——每天想一下你怎么才能让别人高兴，就是我的处方。"

为何每天做一件让别人快乐的事情，就可以带给别人这么大的影响呢？这是因为，在我们试图让别人快乐的时候，就不会再只是想着自己。假如只是想到我们自己，就会产生恐惧、忧郁等种种负面情绪。

就好比一句东方的古话说的："赠人玫瑰，手有余香。"

华盛顿州西雅图已故的佛兰克·洛培博士，他由于患有风湿病在床上躺了长达23年，然而，《西雅图报》的记者史德化·怀特豪斯给我写信时说："我曾经数次拜访过洛培博士。我从来没有看见过哪个比他更慷慨大度、更充满生活情趣的人了。"

像他这样起居无法自理的病人，如何才能好好地生活呢？我给你两次机会猜一猜。

他是不是整天都在埋怨和批评他人呢？不是那样的。他是否充满了自怜，要求每个人都来照顾他，想使自己成为所有人关注的中心呢？也不是的。

他把威尔斯王子的名言"服务民众"当作他的座右铭。他收集了很多病人的姓名和住址，为他们写洋溢着快乐、充满着鼓励的信，让他们高兴，并且也激励他自己。实际上，他创建了一个专供病人通信的俱乐部，让病人们可以互相通信联络。

他躺在床上，平均每年要写1400封信。别人捐赠给这个组织的书籍和收音机，给成千上万的病人带来了快乐。

洛培博士与他人最大的区别就在于他有一个目标，有一种使命，有一种内在的力量，明白自己是在为一项高尚而重要的理想而奉献，并且从中得到快乐。他不可能做一个像是萧伯纳所说的"以自我为中心、满身愁怨的老家伙，整天抱怨这个世界从未好好对他，让他开心"。

刚开始，在我写这本书的时候，我发起了200美元的赏金，以"我怎样重拾欢笑"为题，征求一则最能帮助别人、最能激励人心的真实故事。

这次比赛有三位评审委员，但是最后，我们征收到了两篇非常好的故事，这三位评审委员也无法选出第一名来。于是，我们让两位作者平分了这笔奖金。

以下，就是得到了一等奖的其中的一个故事，作者波顿先生，住在密苏里州的斯普林菲尔德市。

"我母亲在十九年前的一天离家出走，我从那以后就再也没有见过她，被她带走的两个小妹妹，我也再没有见过。她在离家七年之后，才给我写了信。我父亲在母亲离家三年后死于一场车祸。

"他和一个合伙人在密苏里州的一个小镇买了一间咖啡店，这个合伙人利用他出差的机会卖掉了咖啡店，然后卷款潜逃了。一个好心的朋友给我父亲发去电报，催他赶快回家。由于这个缘故，我父亲慌乱赶回去，却不幸丧生于堪萨斯州沙林那城的一场车祸。我有两个姑姑，她们又老又穷，而且浑身是病。她们把我们家剩下的三个孩子带到了她们家去。

"没有人想要我和我最小的弟弟，我们只能依靠镇上的人帮忙度日。我们都很怕被别人称为孤儿，或被别人当作孤儿看待。但是，我们担心的事情很快就发生了。我和一个贫民家庭在镇上一起住了一段时间，但是日子非常艰难，那一家的男主人随后又没有了工作，他们无法再供养我。后来，罗福亭先生和他的太太收留了我，让我住在距离镇子11里的一个农庄里。

"当时，罗福亭先生70岁，得了一种病，终日躺在病床上。他对我说，只要我不说谎、不偷窃，乖乖听大人的话，我就能一直住在那里。于是，这三项要求，成了我的圣令，我从未逾矩。我开始上学了，但第一周时，我如一个婴儿一般躲在家里嚎啕大哭起来——别的孩子都来找我麻烦，嘲笑我的大鼻子，说我是个傻瓜，还说我是个臭孤儿。

"我难过得想揍他们一顿，但是，收养我的罗福亭先生却告诉我说：'你永远都要记住，能走开而不打架的人，要比打架的人伟大得多。'因此我一直没有和别人打过架。直到有一天，有个孩子在学校的院子里抓起一把鸡屎向我脸上扔过来。我愤怒地和他打了一架，结果交上了几个好朋友，他们都说那个小子是自讨苦吃。

"我特别喜欢罗福亭太太给我买的一顶新帽子。有一天，我的帽子被一个大女孩扯了下来，把水装在里面，弄坏了帽子。我从来没有在学校里哭过，可我经常在到家之后放声大哭。但是，这一次，罗福亭太太给了我一些忠告，让所有的烦恼和忧虑都远离了我，并且让我的敌人都成了我的朋友。她对我说：'罗夫，只要你对他们感兴趣，而且留意观察你可以为他们做些什么的话，他们就不会再来嘲弄你了。'我接受了她的忠告。我开始刻苦学习。即使我很快就得了第一名，也从来没有人对我产生嫉妒，因为我一直在努力地帮助别人。

"死神很快就降临到我们身边：我家邻近的两个年纪较大的农夫死了，另一个老太太的丈夫也死了。一下子，我成了这四户人家中唯一的男人，那些寡妇们在我的帮助下度过了两年的时间。我上学放学的途中，都会去她们的农庄，帮她们砍柴、挤牛奶，喂食物、喂水给她们的家畜。如今，大家都非常喜欢我，不再骂我，所有人都把我当作是他们的朋友。当我从海军退伍回来时，人们向我表达了热忱的感情。

"我到家的第一天，有200多个农夫过来看我，他们中的很多人特意从80里以外开车过来。他们非常真诚地过来问候我、关怀我，因为我总是乐于帮助其他人，因此，我没有什么忧虑可言。而且，十三年来，没有人再叫过我臭孤儿了。"

假如你是一位男士，下边的这则故事，你可能不太感兴趣，你可以选择略过。

以下，讲的是一个曾经满腹忧郁的女孩儿，如何令好几位男子为之倾慕并向其求婚的故事。如今，这个女孩儿已经为人祖母了。

　　我几年前曾经去她家里做客，那时候，我正在她住的小镇上演讲。第二天一早，她又开车送我到50里外的地方去搭车，以便让我转车去纽约的中央车站。我们谈了怎么交朋友的问题，她告诉我说："卡耐基先生，我要跟你说一件我从来没有对任何人说过的事情——就算是我丈夫也不知道。"

　　她对我说，她出生在费城一个非常贫穷的家庭里，"我在幼年和少年的最大悲剧，"她说，"就是我家非常贫穷。我和其他女孩子不一样，她们有很多的娱乐，我的衣服料子永远都不是最好的，而且，我长得太快，衣服一直都不合身，也都不是流行的样式。我总是认为自己很丢脸，也很委屈，结果经常是哭着进入梦乡。最后，我在无奈之中想出了一个办法，就是每次参加晚宴的时候，我总是请我的男伴告诉我，他过去的生活经验和一些人生观念，还有一些对未来的计划。

　　"我这么做的原因，并非因为我对他的话非常感兴趣；我这么做，只是为了不让他注意到我穿着难看的衣服。可是很快就发生了奇怪的事，当我听这些年轻人和我谈话，并且对他们有了更多的了解后，我确实开始对他们说的话有了兴趣。有时候，我的兴趣会浓厚到把我自己的穿衣打扮都忘了。但是，最让我吃惊的事情，是由于我认真倾听别人谈话，而且能够鼓励那些男孩子谈论他们自己的事情，这使他们很快乐，于是，我慢慢成为我们那里最受欢迎的女孩子。最后，居然有三个男孩子一块儿来向我求婚！"

假如我们决定像德莱赛所宣称的那样"为他人改善一切"，那么，我们就应该赶紧去做，不要浪费时间。每天都去做一件可以让别人欢欣喜悦的好事，这样的人生还会有什么不快乐的呢？

2. 真诚地表达自己

我经常听到有很多人抱怨，"我性格太害羞了，不容易引起别人的注意"，"没有人可能对我感兴趣"或者"别人并不愿意认识我"，等等。的确，别人为何要喜欢你呢？在这个世界上，没有谁有义务必须喜欢任何一个人。

有什么特殊的原因非得让别人选择你呢？别人没有必要特别注意到你，除非是你具有吸引他们的特质。

玛丽安·安德逊详细地讲述了她早年的生活经历，她当时整个人很不得志，事业失败，差不多都要放弃歌唱生涯了。后来，凭着祈祷和心灵的追求，她才慢慢恢复了信心和勇气，打算继续为了自己的事业奋斗下去。有一天，她兴致满满地对母亲说道："我要接着唱下去！我要让所有人都喜欢我！我要继续追求完美！"

母亲回答她说："太棒了！这是非常好的志向——不过，你要明白，人必须要先学会谦卑，才会成就伟大的事业。"

玛丽安听了非常感动，因此决定在音乐造诣上"追求"完美，而不仅仅是"想要"完美。母亲留给她的赠言是，"谦卑先于伟大"。

我的好朋友荷马·克洛维是一位名作家，非常懂得交友的道理。只要是遇见他的人，无论是清洁工、百万富翁，还是老人或小孩儿，都会在和他相处15分钟之内对他产生好感。小孩子会爬到他的膝盖上，朋友家的仆人会给他准备丰盛的餐点，而且，如果有人宣布："荷马·克洛维今晚会来到这里。"那么，当晚的宴会肯定不会有人缺席的。

除了朋友间的深厚感情外，荷马·克洛维也被他的家人们爱戴着。他的妻子、女儿，还有好几个孙儿孙女，都对他赞不绝口、爱戴有加。

这位作家到底是怎么样赢得这种幸福的呢？他不年轻，也不英俊，更不是百万富翁，他靠什么魅力吸引他人呢？说起来非常简单，就是待人真诚，热心助人而已。他丝毫不矫揉造作，而且能使他人感到他确实是发自肺腑地喜欢、关心他们。

对他而言，他不会在意对方是什么人，或者做了什么事。只要是一个人，对他便有意义，值得付出关心。每次，当他碰到陌生人，他们都可以像老朋友那样聊天——尽量谈对方的事情，而不是谈自己的事。他通过问对方问题，可以了解到对方来自哪里、做什么事、有什么家人等。他不会一直唠叨，而是向对方表现出自己的兴趣和关心，以此来建立友谊。

当然，我们必须要先认清楚"施比受更有福"，然后，用实际行动表现出这种认知，才能赢得别人的友谊和倾慕。就好像黄金必须经过使用才能显示出它的价值，我们不能只把金矿藏在内心。

因此，我们明白了，注重施与是得到友谊的最佳方法，而不是获得，不过，它不是靠暂时的吸引或哄骗得来，而是应该亲自赢取过来的。与他人勾肩搭背或者讲一些逗趣的笑话，这些都不是赢取友谊的能力。它应该是一种心境、一种处世的态度，或者是一种愿望，想要把自己的爱、兴趣、注意力和奉献精神贡献给他人。

假如一个人把精力用在为别人服务上，他就会充满无法抗拒的力量。你怎么可能拒绝一个试图帮助你解决问题的人呢？

打高尔夫球的时候，我们会被人叮嘱，不要让眼睛离开球；传授成年人说话技巧时，我们告诫学生，要把他的心思集中在想要传达的信息上。时时担心结果如何，就会导致紧张、害怕，这是不足取的。我自己就是从吃过的苦头中学会这一点的。

我以前是一个腼腆的人，不擅长在公共场合讲话，要让我面对一群听众就像是一个普通人面对国会调查委员会一样艰难。

几年之前，我准备进行一场演讲，当时的听众非常难缠。我事先与一位好友一起吃饭，不可避免得流露出紧张的情绪。"如果听众不同意我讲的话怎么办？"我紧张兮兮地问这个朋友，"如果他们不喜欢我，应该怎么办呢？"

"没错，"朋友回答说，"他们干吗要喜欢你呢？你可以为他们做什么？你觉得自己要讲的话非常重要吗？"

"坦白说，我觉得那些东西对我而言，确实有重大的意义。"

"非常好，"她继续说道，"听众是否喜欢你不是太重要，你有没有把要讲的信息传达出去才是最重要的。他们喜欢你还是讨厌你，真的没有什么关系。至少，你完成了任务。"

我对演讲的整个看法被朋友的这番话改变了。如今，每次我在准备发表演讲时，都会在事前精心祈祷："神啊，求你帮我把这些对听众有益的信息传达出来，让他们获得收获，高高兴兴地回家。"

这样的祈祷对我非常有用，而我也真的希望能帮助到听众。这样的祈祷让我谦虚地体会到，自己不是要显露满腹的学问或者风采，自己只不过是个传达一些信息的演讲员。我的目标是要带给观众一些鼓舞性的思想，以此来对他们的生活有所帮助。

一个年轻的女孩想学跳舞，她第一次试跳的时候，怕自己会失败，紧张得像个要出嫁的新娘。于是有人对她说道："不要太在乎结果，就当是单纯为了享受跳舞的乐趣而跳，为了上帝而跳吧。"不久后，女孩的心态得到了彻底的改变。

如此，假如我们想要获得更多人的喜欢，建立更广阔的人际关系，就应该记住这条真理："真心地喜欢对方。"

假如你不知道怎么样和人相处，请记住：

1.只要是不关心他人的人，很可能会在有生之年遭遇重大的灾难，而且深深地伤害其他人。正是这种人造成了人类的各种错误。

2.世界上让别人去做任何事情的方法只有一种——给他想要的东西。

3. 宽容比仇恨更可贵

几年前的一个晚上，我旅行途中经过黄石公园。一位骑着马的森林管理员向我们这群兴奋的游客讲了很多关于熊的故事。

他说："除了水牛和另一种黑熊之外，有一种大灰熊几乎能够击倒森林中所有的动物。不过在那天晚上，我却留意到，那只大灰熊不仅让一只小动物——只有一只——从森林里跑了出来，而且还和它一起分享食物——那是一只臭鼬。大灰熊心里明白，它只要抬起它的巨掌，就能够一掌拍死这只臭鼬，但是它没有那么做。这是什么原因呢？因为它的经验告诉它，那么做对它而言并不划算。"

我也明白这个道理。在我还是孩子的时候，曾在密苏里州的农庄抓过这种臭鼬；在我长大成人后，在纽约的街头也遇见过一些像这种臭鼬一样的两只脚的人。这些不幸的经验让我发现：不管去招惹哪一种臭鼬，对自己而言都不是明智的行为。

当我们痛恨我们的仇人时，就相当于给了他们获胜的力量。我们的睡眠、我们的食欲、我们的血压、我们的健康和我们的快乐都受到那种力量的影响。假如我们的仇人明白了他们是怎么样让我们担心，让我们烦恼，让我们一心只想报复的话，他们肯定会兴奋得手舞足蹈的。他们完全不会被我们心中的恨意伤害，但是却让我们的生活成为地狱。

报复会怎么样伤害你呢？它伤害你的地方可多了。依据《生活》杂志的一篇报道，报复还会损害你的健康。"容易愤怒，就是高血压患者的主要特征，"《生活》杂志说，"如果一直愤怒的话，长期性高血压和心脏病就会紧随而来。"

我们享受食物的美味也会被怨恨之心给糟蹋了。圣人说："怀着爱心吃蔬菜，也会比怀着怨恨吃牛肉要好得多。"要是我们的仇人明白我们对他的怨恨，让我们精疲力尽，让我们紧张不安，损伤到我们的外表，让我们的心脏病发作，甚至也许会让我们折寿的时候，他们怎么会不拍手欢呼吗？

就算我们无法爱我们的仇人，那最少我们也要爱我们自己。我们不能让我们的快乐、我们的健康和我们的外表被仇人所控制。这就像是莎士比亚说的那样："不要因为你的敌人而燃起一把怒火，结果只会烧伤你自己。"

这段时间，我的一个朋友犯了心脏病，他被他的医生要求躺在床上，无论发生什么都不要生气。作为医生，都明白患有心脏衰竭症的人，一旦发怒、生气也许就会丧命。

前几年的时候，在华盛顿州的斯泼坎城，有一家餐厅的老板就死于生气。我面前就有一封来自华盛顿州斯泼坎城警察局长杰瑞的信。他在信里说道："前几年，威廉·崔堪伯已经68岁了，在斯泼坎城开了一家小饭店。他生气致死的原因是，他的厨师坚持用茶碟喝咖啡。

"事情发生的时候，那个餐厅的老板很恼火，抓起一把左轮手枪去追那个厨师，最后他因为心脏病发作倒地而死。验尸报告显示：他因为愤怒而导致心脏病发作。"

有一天，我问艾森豪威尔将军的儿子约翰，他的父亲是不是老是怀恨别人。"不是，"他说，"我父亲永远都不会为他不喜欢的人而浪费一分钟。"

所以，我想说，假如你想培养平安和快乐的心情，请记住：我们不要去尝试对我们的仇敌进行报复，要是我们那样做的话，会大大地伤害自己，因此，请不要浪费时间去想那些我们不喜欢的人。

4. 学会换位思考

当对方的做法和我们预期的不一样时，先不要急于去批评，应该冷静下来想一想，什么原因让他那样去思考，那样去行动？他的根据是什么？假如你可以找到那个隐藏在背后的原因，你就解开了理解他们行为和人格的钥匙。

尝试一下，让自己真诚地站在别人的立场上去考虑问题。

如果你对自己说："我要是处于他的情况下，我会有什么感受，会有什么样的反应？"这样的话，你就能够省下来很多时间和没必要的烦恼，因为假如我们对原因产生兴趣，我们就不会讨厌结果。而且除这些以外，你的为人处世技巧也能够大大增强。

萨姆·道格拉斯住在纽约州汉普斯特市，他之前老是奚落他的妻子，说她浪费了太多的时间去修整家中的草地、拔杂草、施肥和修剪花草。他批评她虽然每个星期做两遍这些工作，但是草地并没有比四年前好看多少。他妻子听到道格拉斯这么说肯定非常不开心，所以，每次她被他批评的时候，整个晚上，这个家庭中总是气氛紧张。

道格拉斯先生在参加了我的辅导班之后，他意识到了他这些年来犯的错误——妻子在修整草坪时，也会从中得到快乐，并由此而获得了满足感，这些道格拉斯从来没有想到过。

一天晚上，吃过晚饭以后，妻子说想去除杂草，并且要求道格拉斯陪她一起去。道格拉斯刚开始时拒绝了，但之后他又想了想，还是陪她出去除草了。她显得很开心，两人一起干了一个多小时，共度了一个愉快的夜晚。

从那之后，道格拉斯常常陪伴妻子修理草坪，并且称赞妻子，夸她修理过后的草坪很美观，而且院子里的泥土地就像水泥地一样光滑。他学会了从妻子的角度看待事情，因此结果他们两个都从中获得了快乐。

在自己的问题看起来更加紧急的时候，假如可以从别人的观点来看问题，这样，紧张的气氛可以在一定程度上被缓解。例个例子，澳洲南威尔士的伊丽莎白·诺瓦克遇到了一些麻烦，她已经有6个星期没有支付分期买车的欠款了。

"在一个星期五，"伊丽莎白说，"我接到一位负责分期付款购车业务的男人打来的电话，他有些不礼貌地说道，要是我在下周一早上还没有支付122美元的话，他们公司不得不采取一些措施了。因为恰逢周末，我肯定无法筹措这笔钱，这样，到了星期一一大早的时候，那个男人就怒气冲冲地给我打了电话。但是我从他的立场来看这件事，因此，我并没有对他发脾气。我先是诚恳地和他道歉，自己的行为给他带来了这么多的麻烦，并且，我也不是第一次到期没有付款了。所以，我肯定让他特别为难。他在听了这些话后，语气马上缓和下来了，而且说我根本算不上让他头疼的顾客。他举了好几个例子，说有些人完全不讲道理，不但满口谎言，而且还对他避而不见。

"他说出了他心里不愉快的事情，而我却没怎么说话。接下来，我根本不需要请求，他表示，就算我不能马上缴付欠款也没什么事儿。他还说，要是在月底前我可以先支付20美元，接着在手头不紧的时候付清剩下的欠款，一切就都好商量。"

因此，你要是明天请别人把车熄火，或请别人买一瓶你推销的"雅福达"清洁剂，或给红十字会捐款50美元以前，何妨先停下来，闭上眼睛，从对方的角度去考虑整个事情。问一下自己："他这么做的原因是什么？"当然，那会浪费很多时间，却会让你交到更多朋友，培养友谊，而且减少摩擦，免去不必要的麻烦。

"在和他人进行谈话之前，我宁可花两个小时在他办公室外的过道上来回踱步，"哈佛大学商学院院长唐哈姆说道，"也不想随便走进他的办公室，假如我对于自己将要说的，还有他可能会怎样答复都没有很清晰的认识的话。"

假如你看完这一章后只学到了一件事——时常让自己从对方的角度去考虑，从对方的立场去出发——就足够翻开你生活中崭新的一页。

因此，请记住这一点，假如你要让别人同意你的意见，请真诚地站在他人的角度来看待事情。

第9章

让自己充满吸引力

1. 谈论别人喜欢的话题

纽约电话公司曾经仔细研究过电话中的谈话内容，目的是为了了解电话中最常用的是哪些字。结果证明，"我"是被人用得最多的字。这个字在500次电话谈话中曾经被使用过3990次。

当你看一张里面有你自己的团体照片时，你会最先看谁呢？假如你觉得别人很关心你，那么，请你回答以下两个问题：

"如果你今天晚上就死去，你的葬礼上将会有多少人来参加？"

"假如你对别人漠不关心，别人会对你付出关怀吗？"

如果只想让自己得到别人的注意，让他人对我们感兴趣，我们就不可能交到很多真诚的朋友。那种方法是不会带来真正的朋友的。

《生活的意义》这本书的作者，是维也纳已故的著名心理学家阿德勒，他在这本书中说道：**"对他人丝毫不关心的人，他一生经**

历的困难最多，给他人造成的损害也最大。这些人造成了所有人类的失败。"

你可能读过几十卷有关心理学方面的书，可是，却很难再找到什么观点比这句话更重要的了。我不喜欢重复，但阿德勒这句话太有深意了，因此，我希望重复一次："对他人丝毫不关心的人，他一生经历的困难最多，给他人造成的损害也最大。这些人造成了所有人类的失败。"

任何一个拜访过西奥多·罗斯福总统的人，都会惊讶于他那渊博的知识。"不管是牧童还是骑士，或者纽约的政客和外交家，"罗斯福的权威研究者，作家伯莱特福这么写道，"罗斯福都明白该和他谈哪些话题。"

罗斯福到底是怎么具有这种魅力的呢？非常简单。无论他在第二天要见什么人，罗斯福都会在前一天晚上稍微晚睡会儿，学习一下对方非常感兴趣的东西。

罗斯福深知，接触对方内心思想的妙方，就是与对方谈论他最感兴趣的事情，这一点他和所有领导人物一样。

成功人士似乎都明白这个道理。菲利普先生原来是耶鲁大学的教授，是一个非常和蔼的人，他说起了自己早年的故事。

"我八岁那年的一个周末，有一天我去姑妈家，"在一篇谈论人性的小品文中，菲利普写道，"那天晚上，姑妈家来了一位中年人。随意地与姑妈谈了几句之后，他把关注的焦点转到了我身上。我那时候对舰船非常感兴趣，于是，这位来访的客人就这方面的知识与我进行了热烈的交谈，这样肯定使我对他产生了特殊的兴趣。我在他离开后一直对他称赞有加。他原本对关于舰船的事情不必这么热心的，也许是没有一点儿兴趣的，因为他是一位律师。"

"然而，他为何要一直和我谈论舰船的知识呢？"

姑妈说道："他是一个高尚的人。他看到你对舰船非常感兴趣，就和你谈起你关注并感兴趣的话题。通过这种方式，他让自己受到别人的欢迎。"

最后，菲利普教授补充道："我姑妈和我说的这些话，我永远也不会忘记。"

诚然，你可能更想知道这种方法在商业活动中是否也有价值，那么，我再例举个例子，大家看看纽约一家高级面包公司的经理杜弗诺先生是如何做的吧。

杜弗诺先生总想向纽约的一家大饭店推销自己的面包。他连续四年几乎每个星期都会去拜访这家饭店的经理，而且，时常参加这位经理举办的各种聚会。杜弗诺先生甚至在那家饭店租了一个房间住，目的就是为了谈成这笔生意。然而，虽然杜弗诺先生采用了所有的办法，依然无法使这位经理挥笔在合同书上签字。

杜弗诺先生说："后来，我决定改变策略，开始研究有关人际交往的知识。我打算找到这位经理的个人兴趣点，寻找他最关注、最热心的事业。

"我发现，他是美国饭店业协会的会员。不但如此，他还被推举为这个协会的主席，因为他对这项事业拥有如此浓厚的热情和兴趣。不论他有多忙，每次只要是开会或者举行什么活动，他都没有半点儿犹豫地去参加。

"然后，下次再去拜访他的时候，我开始与他谈起关于饭店业协会的事情。你猜他有什么反应？我获得了良好的回应，自己都不禁大吃一惊。他用了半个小时与我交谈饭店业协会的事情，整个交谈过程中，他声音非常洪亮，而且精神饱满，充满热情。这样，我就看出饭店业协会的事情正是他所感兴趣的，可以说他投入了自己的全部精力在其中。就在我将要离开他的办公室之前，我被他劝说加入这个协会。

"在这次交谈中，我没有对他说起面包的半个字。但是过了几天，他饭店的主管人员就给我打电话，让我送去面包的货样和报价单。这位主管人员和我在电话里说，你到底对这老先生用了什么魔法，你可是真的打动了他。

"想象一下，我跟这位经理共事了四年，一直就想把面包卖给他，但是始终没有成功。要不是我想办法找到了他感兴趣的事情，了解到他愿意讨论的话题，很可能我如今还在和他纠缠不休，一无所获呢！"

由此可见，每个人都对自己感兴趣，只要你可以表达出你对别人的兴趣，主动引导他说出自己感兴趣的话题，你就不只是一位说话的高手，更是一位操纵人心的高手。

这种哲学在商业中有用吗？让我们来看一下。

查尔斯·华尔德是纽约市一家大银行的员工，有一回，他被领导要求准备一份关于某公司的秘密文件。他了解到，他所急需的这些材料被某个人掌握着。

然后，华尔德就去拜访了此人——他是一家大实业公司的董事长。正在华尔德要进入董事长办公室时，一个年轻女孩子从门外把头伸了进来，对董事长说她今天给不了他邮票了。

"是这么回事，"董事长对华尔德解释说，"我正在给我12岁的儿子收集邮票。"

华尔德向董事长说明了自己来这里的目的，并且开始问一些问题。这位董事长心不在焉地回答着——显然，他不想讲话，没有可以使他感兴趣并且想开口的事情，所以，这次谈话变得十分枯燥乏味。

"实际上，我当时也不知道怎么办了，"华尔德在我的班上说起这件事，"然后，我想起了他的秘书告诉他的那句话——12岁的儿子，邮票……与此同时，我又想到我们银行的外汇兑换部经常会收集各国邮票，那些邮票是从世界各地寄来的信上取下来的。

"第二天下午，我又一次去拜访这位董事长，并让人告诉他，说我要送给他的儿子一些难得一见的邮票。结果如何呢？我是否得到了热烈的欢迎呢？肯定是这样的。就算是他要竞选国会议员，也不会那么热情地握着我的手。他露出善意的微笑，说他的儿子一定会喜欢的。他抚摸着邮票，不停地说：'看这张，这可是价值连城啊！'

"我们用了一个小时来谈论邮票，而且看了他儿子的照片。接着，他用了一个多小时的时间说了他所了解的一切情况，又叫来他的下属进行询问。他还打电话给他几位经常往来的朋友，然后，他给了我所需要的所有事实、数字、报告以及信件。借用一个新闻记者的话来说，我'战果辉煌'。"

公元前100年，古罗马著名的诗人西拉斯就说过："我们对他人产生兴趣的时候，正好也是他人对我们产生兴趣的时候。"

因此，一条重要的与人相处的原则就是：**真诚地关心他人，谈论对方感兴趣的话题。**

2. 对别人表达真诚的赞美

让他人觉得自己重要——很多人之所以出现交际障碍，就是因为他们不明白或者忘记了这样一个重要的原则。

每个人都喜欢表现自己，喜欢夸耀自己。你可以发现，某件事情完成了以后，你总是吹嘘自己有多么劳苦功高，做出了多少贡献……这样的话，实际上就是在说明，其他人根本不太重要，那么，其他人无形之中也就被你伤害了。

在人类的所有行为中，有一条非常重要的法则，要是我们遵守它，就会事事顺意；事实上，假如我们遵守这条法则的话，就会拥有数不清的朋友，得到永不枯竭的快乐。但是，假如我们违反这条法则，就会导致各种挫折。这条法则就是："永远尊重他人，使对方获得自重感。"

几千年来，哲学家们始终在对人类关系的准则进行思考，最终领悟了一种观念。这种观念，先哲们早在3000多年前的波斯、2000多年前的中国，以及印度和耶路撒冷等地就传播过，并不是什么新鲜的东西。这就是中国先哲孔子所说的："己所不欲，勿施于人；己所欲者，亦施于人。"

你希望你被周围的人赞同，希望别人认同你自己的价值，希望别人会重视你；你渴望得到真诚的赞美，而不愿意听到不值钱的卑贱的献媚。你希望你的同事和朋友都会像施科瓦所说的"诚于嘉许，宽于称道"。

我们大家都希望这样。因此，我们自己应该先遵守这条法则：

"你希望别人怎么对待你，你就怎么去对待别人。"

那么，你应该怎么去做呢？答案就是：随时随地去实践，这样就会为你带来神奇的效果。

这条法则是任何人在任何时候都可以奉行的法则，它并没有什么特权，也没有等级限制。你完全不用等自己当上大官或者发了笔财之后，才去奉行这条法则。

你每天差不多都可以运用到它，比如，我们去饭店，点了一份法式炸薯条，而一盘薯泥却被女服务员端了上来，这时我们可以说："不好意思，让您麻烦了。但是我更想要法式炸薯条。"

女服务员会说："别客气，根本不麻烦的。"

因为我们对她显示了尊敬，所以她会很乐意为我们更换炸薯条。

"不好意思""让您麻烦了""劳您费心""请您……""能不能……""谢谢"这些看似平常无奇的礼貌用语，就如同每天单调生活中的润滑剂，会为我们的生活增添几分色彩，促进我们的人际关系，而这些也是我们良好品质的体现。

只要你发现每个人身上值得称赞的地方，这样的话，他们就会立刻改变对待你的态度。

有一天，我在纽约第33大街和第8大街交叉路口附近的邮局，准备排队寄一封挂号信。我观察到，那位邮局工作人员由于每天称信、取邮票、找零钱、开收据，似乎对他的工作没有太大的耐心——他就这样日复一日做着重复而乏味的工作。

于是，我对自己说："我必须使他喜欢我。很明显，我必须说一些使他感到高兴的话，才能让他喜欢我。是关于他的，而不是关于我的。"

我问自己："他有哪些值得我真心赞美的地方呢？"

这个问题不太好回答，尤其当你面对一个无法了解的人时，可是，这次完全出于巧合，他身上一个值得赞美的地方很快地就被我发现了。当他在为我称信的时候，我热情地和他说："我特别希望自己也可以拥有像您一样浓密的金发。"

他开始显得很惊讶，抬起头来看着我，但不久就露出了欢快的微笑。"不过，我以前的头发可比现在还要好呢。"他非常谦虚地说。

我真诚地跟他说："即使它没有以前那么光泽，但是依然很好。我特别羡慕您。"

他看起来非常开心。然后我们愉快地开始交谈。最终，他告诉我："很多人都说过我有一头好头发。"

我敢说，那天吃午饭时，他的心情肯定非常愉快，那天晚上他到家后，肯定会非常高兴地告诉他妻子这件事；他甚至会照着镜子自我陶醉："我的头发确实是太漂亮了。"

我并不喜欢炫耀自己，可是，我的这些实例一直能够教给别人人际交往的原则。

有一天，我在一个公共场合说起了这件事，其中一个人问我："你这么做，你从他那里可以得到什么呢？"是的，我想从他那里得到什么呢？如果我们是这么的自私，只是想获得回报的话，我们就不会带给他人快乐，不会对他人进行真诚的赞美。

而如果我们的气量这么狭窄，那我们就不会得到任何成功和幸福，只会遭受应得的失败。

没错，我的确是想从他那里获得一些东西，这些是无法用金钱来衡量价值的东西，而我确实也得到了。你看，他得到了我的赞美，让他感觉到了幸福，但是他却无法回报我。

这种感觉就是无法用金钱去衡量的。这件事情过去很多年以后，你依然能够在脑海中想到它，那是一种很美妙的体验。

我们应该怎么运用这种赞美他人的黄金法则呢？为何不从我们自己的家庭开始呢？我不明白，还有什么地方更需要它？

你的妻子一定有她的优点，或者至少你之前觉得她有一些优点，如若不然，你会和她结婚，让她做你的妻子吗？然而，你上一次赞美她是什么时候的事情了？你是否还记得？有多长时间了呢？

记住，时刻去称赞他人，让他认为自己非常重要，你不仅不会有什么损失，而且会因此得到更多。

伟大的小说家凯恩有着成千上万的读者，然而，凯恩只是一个铁匠的儿子，只读过八年书，却在他去世时成了有史以来这个世界上最富有的作家。他是如何创造财富的呢？我们来听听他的事迹。

由于凯恩非常喜爱诗歌，因此，他把大诗人罗斯迪所有的诗全部读了一遍。他为了歌颂罗斯迪在诗歌方面的艺术成就，还写了一篇演说词，并且把它送给了罗斯迪本人。罗斯迪自然非常高兴，"一个青年对我的才华有这么高深的见解，"罗斯迪说，"那他肯定是个很聪明的人。"

于是，凯恩被罗斯迪请到家中来，让他担任自己的秘书。这对凯恩而言，可是改变人生道路的千载难逢的机会——凭借这个新的身份，他见识了很多当代著名的文学家，从他们那里接受有益的建议，而且受到他们的鼓励和启发，开始了他自己的写作生涯，最终享誉世界。

英国曼岛的格里巴堡，是凯恩的故乡，如今是世界各地旅游者观光赏景的胜地。凯恩遗留给家人的财产高达250万美元！然而，又有谁明白，假如那时候没有写那篇真诚赞美罗斯迪的演说词，他很可能会悲苦无依地死去呢！

这就是一种伟大的力量，这就是发自内心地真诚赞美的力量。罗斯迪觉得自己非常重要，这并非什么不常见的事——差不多每个人都觉得自己非常重要，相当相当重要。

永远也不要忘记爱默生曾经说的话："只要是我遇到的人，都有比我优秀的地方。在这个方面，我恰好可以向他学习。"

只要是你听说过的人，你也许都会认为他在一些方面要比你强，这是一个不容置疑的事实。你想要得到他人的友谊，只需要承认这一点，承认对方的重要性，并且衷心地表达出来。

3. 随时叫出对方的名字

想要记住对方的名字，有时候确实是一件困难的事情，特别是当这个人的名字不容易记住的时候。大家都不想去记那种不好记住的名字，心里都会想："得了吧，直接叫他的昵称算了，好记多了。"但是，你有没有想过，如果你牢牢记住别人的名字，会发生什么样的事情呢？

我的一位学员叫希德·李维，他之前拜访过一位顾客，这个顾客有个难记的名字，叫作尼古德玛斯·帕帕都拉斯。因为这个名字非常难记，其他人都叫他"尼克"。

李维对我说："我去拜访他前，非常用心地记住了他的名字。在我见到他以后，我用他的全名去称呼他。我向他说，'早上好，尼古德玛斯·帕帕都拉斯先生'。只见他愣了好几分钟没有回过神来，一言不发地站在那里。最终，他流下了激动的泪水，带着颤抖的声音说，'李维先生，在这个我待了15年的国家，你是第一个能够用全名来称呼我的人'！"

那些贫穷的作家、艺术家和音乐家常常被一些有钱人出钱资助。他们希望这些艺术家的作品能够署上他们的名字，让他们的名字伴随着这些作品长久得流传下去。在博物馆和图书馆里，我们经常能看到那些希望自己的名字被人记住的、有钱人捐赠的有价值的艺术品。

这些都说明了人们对自己名字的重视程度，并希望能够被别人记住。

假如你想让别人对你产生好感，能够随时喊出对方的名字就是最简单、最明显和最重要的方式。因为这样一来，别人就会感觉到自己受到了重视——就我所知道的，所有人都期望能有这样的感觉。这种方法被无数的人都尝试过。

钢铁大王安德鲁·卡内基是如何成功的呢？虽然人们都叫他"钢铁大王"，但是他掌握的钢铁知识却不多。他手下的雇员有成千上万，他们在钢铁方面懂得要比他多很多。他发财致富的奥秘，正是他善于与人交谈，懂得为人处世的道理。

在卡内基10岁的一天，他抓到了一只母兔，很快，它就生了一窝小兔子。这就导致饲料不够用了，卡内基怎么处理的呢？他丝毫不为此所困扰，美妙的主意早就在他的脑海里成型了，他集合起附近的孩子们宣布：谁能拔最多的草喂兔子，小兔子就以他的名字命名。

然后，孩子们都开始积极地为小兔子寻找饲料，卡内基顺利实现了自己的计划。他一直记得这次的成功经验，在他的一生中，他就是运用人们的这种心理领导了很多的人。

在商场上，他利用这种方法赚了数百万美元。比如，他把钢铁轨道卖给了宾夕法尼亚州铁路公司的方法，就是用该公司董事长欧格·汤姆森的名字，在匹兹堡建了一座大型钢厂。

卡内基卓越领导才能的重要秘密之一，就是他这种记住朋友和商业界人士名字的方式。他把可以叫出很多员工的名字当作自豪，他觉得，不能记住别人的名字，就像是不能记住他的一项重要的工作。

记住别人的名字，在每个人的事业和商业交往中都显得特别重要。

得克萨斯州商业股份有限公司的董事长班顿拉夫曾发出这样的感慨：公司越大，人与人之间的关系就越是冷漠。他觉得，唯一能使公司氛围变得融洽的方法，就是记住别人的名字。

加利福尼亚州一家航空公司的服务员叫洛克帕罗，她常常训练自己记住旅客的名字，并留意在服务时说出他们的名字，这让旅客感觉非常亲切。她有时会受到旅客的当面表扬，而有些人会写表扬信到她的公司。

其中一封表扬信是这么写的："我很长时间没有搭乘你们的飞机了。不过从这一刻开始，我下定决心，今后只搭乘你们公司的飞机。你们的空乘人员亲切的服务让我感觉好像是专门为我一个人在服务，这一点太重要了。"

多数人没有注意到记住别人名字的重要性，所以，他们经常不记得别人的名字。而如今，你既然已经明白了记住别人名字的重要性，干吗还不投入一些时间和精力去做这件事情呢？拿破仑的侄子——拿破仑三世曾经说过："就算我忙得不可开交，可我还是会把听过的每个人的名字都记住。"

这是因为他的方法非常好，而不是因为他的记忆力多么强。实际上，他的方法非常简单。假如他没有听清楚对方的名字，他就会要求对方再重复一遍；假如这个名字不是很常见，他会要求别人拼写出来这个名字。在谈话的过程中，他会反复记忆对方的名字，并结合起他的长相、外表和其他特征。谈话完毕的时候，他经常会写下来那个名字，接着长时间地盯着它看，等到他确定自己已经牢牢地记住了它才算完。用这样的方法，肯定能记得牢啊。

如此这般，记住他人的名字确实需要花一些时间和精力，不过很明显是值得的。爱默生曾经说："礼貌是由小小的牺牲换来的。"假如你想融入这个社会，变成交际场上来去自如的人，这点牺牲又何足挂齿呢？

因此，你要是想成为一位说话高手，请注意：**记住别人的名字，这是别人听起来最美妙的声音。你应该不停提醒自己，记住别人的名字这个小细节能够让你收获巨大的成功。**

4. 让自己的谈吐幽默风趣

美国心理学家保尔·麦基说过，左右人的社交能力发展的关键因素就是幽默感。

在社交场合，迅速打开交际局面，使气氛轻松、活跃、融洽的方法就是幽默的语言。在谈话中，幽默的语言就像润滑剂一样，能够有效地减低人与人之间的"摩擦系数"，使冲突和矛盾得到化解，一切问题迎刃而解。

悲感和乐感，是幽默感的内在构成。幽默者的现实感就是悲感，正视不协调的现实。幽默者对现实的超越感就是乐感，是一种乐天感。悲感使幽默者能够鼓足勇气直面现实，正视人性的弱点。乐感使幽默者在他人或是我们自己的弱点面前产生"突发的荣耀感"，为幽默者带来信心和勇气，在困难的环境下扬起胜利的风帆。

幽默是一种豁达乐观的人生哲学，只能先超越现实，然后才能俯视现实，从容、淡定地面对现实。积极乐观的生活态度，是幽默感存在的基础，和幽默相关的语言是无法从悲观厌世者的口中说出来的。

克雷洛夫是俄罗斯著名的寓言作家，他的生活非常穷困。他租了一间房屋，房东要他在租房契约上说明，万一失火，房子被烧了，他就要赔偿1.5万卢布。克雷洛夫看了一下租约，什么都没说，就在1.5万后面加了一个零。

房东兴奋地说："什么，15万？"

克雷洛夫大笑着说："无论是多少钱，我都赔不起啊。"

幽默是生活经历的一种折射，是智慧的产物，更是一种境界、一种胸怀。幽默的人，就算不会一直面带微笑，也可以在言行举止间使人感觉到快乐的氛围。

幽默本身就是一种对感官极大、极好的刺激，是一种美好的享受，没有人会拒绝和一个幽默的人交往。幽默远非说几句玩笑话这么容易，更应该是幽默者的生活经验和个人智慧的综合展示，远远超出了让人发笑的高度。

萧伯纳是英国大文豪，大家都知道他是个瘦子。一天，一位大腹便便的资本家带着嘲笑的口吻说："先生，我一看到你，就明白现在世界上正在闹饥荒。"

萧伯纳淡定地说道："而看到您以后，我就明白世界上闹饥荒的原因了。"

一天，爱因斯坦不小心摔倒了，一个路人笑着对他说："您没有摔倒，而是地球倾斜了一下，拿您的相对论理论去解释刚才发生的事情，可以吗？"

"我赞成你的说法，遗憾的是，我对这两样东西的感觉都是完全一样的。"爱因斯坦回答说。

幽默的力量不可轻视，一些小幽默、一段小品文、一则小故事、一句警句或妙语，经常会有扭转整个事态的魔力，使人们愿意去做本来不想做的事情，接受本来不想接受的事物。

假如我们想在社交活动种有一个良好的形象，就必须要让自己变得幽默，你的魅力会由于得体的幽默加分，请切记，是得体的幽默。

不合时宜或有失分寸的幽默通常会伤害感情，导致别人的反感。这样看来，怎么样的幽默才是得体的幽默呢？

第一，内容得体。

幽默者的思想情趣与文化修养决定了幽默的内容。粗俗或者低级的语言即使有时候可以让人笑一下，可是用不了多久就会变得无聊。而格调高雅、内容健康的玩笑所产生的幽默意趣，不但可以给对方启发和美好的精神享受，而且也能够重塑自己的美好形象。

第二，态度友善。

对人友好不但是做人的准则，也是幽默的一个标准。幽默的过程，应该是人们互相交流感情的过程，应该是快乐的，假如以开玩笑为幌子对别人进行冷嘲热讽，就违反了幽默的初衷。受到嘲讽的人肯定会因为觉得丢人而针锋相对，最后也许会背道而驰。没有人愿意和这样的人交往，即使他确实才华横溢、能力非凡。

第三，看人说话。

因为性格等多种原因的关系，每个人承受玩笑的能力各不相同。例如，有些玩笑只能和同龄人开，假如对长辈开了，别人就会觉得你"没大没小"；有些玩笑只适合对同性开，假如对异性开了，就会引起不必要的麻烦；有些玩笑只适合对性格外向的人开，要是和性格内向的人开，也许就会产生误会。

第四，视场合说话。

幽默应该根据不同的场合适当改变自己的行为，不是要你在任何场合都表现得幽默。不合适的幽默还不如没有幽默，甚至会让你陷到无法摆脱的麻烦中。举例来说，在庄严肃穆的场合，就绝对不可以开玩笑。

不分场合，随心所欲，想到什么说什么，不通过大脑去思考……这些都是愚蠢者的表现。在不同的场合，对着不同的人群、不同的事情，从不同的目的出发，用不同的方式说话，只有这样，才能达到预期的目标。

5. 学会倾听别人的心声

最近一段时间，我在纽约著名的出版家格里波举行的宴会上，偶遇了一个著名的植物学家。我之前没有和植物学家谈过话，但是我认为他有着很强的魅力。

我始终在椅子上坐着。安静地听他介绍大麻、大植物学家玻尔本以及室内花草等。他还和我说了很多关于廉价马铃薯的惊人事实。因为我自己有一个室内小花园，我常常会碰到一些问题，所以，他很热情地同我讲起了怎么解决我的问题。

我刚才说过，我们这是在宴会中。当然，还有十几个客人也在，不过我违背了一般的礼节，没有注意到别人，而和这位植物学家交谈了好几个小时。

到了晚上，当我和大家一一告别的时候，这位植物学家转过身对主人大大称赞了我，他说："卡耐基先生真是一个最有激励性的人。"

接着，他又大力赞扬我在有些事情上这样，在别的事情上那样。总之，他说我是一个"最有魅力的谈话家"。

我是一个有魅力的谈话家？但是，我在这次谈话中差不多没怎么说话。实际上，假如我不改变话题的话，就算让我来说，我也什么都说不出来，原因是我对植物学所知道的知识就和对动物解剖学一样，几乎全是空白。

不过，请注意，我已经做到了仔细地倾听他的谈话。我专心地倾听着，因为我确实很感兴趣。当然，他也感觉到了这一点，这明显让他非常高兴。

可见，**我们对他人的一种最高明的恭维，就是认真倾听对方的谈话。**

善于倾听他人的话居然会变成说话高手，成为最受欢迎的人。在商业会谈中被称为"神秘的秘诀"，也正是"专心致志地倾听正在和你讲话的人"。至于成功的商业交往，并没有太多神秘的，没有别的东西比这个更让人高兴了。

这个道理非常明显，是吧？你根本不必去哈佛大学读书就能领悟到。

不过，我们却发现，有的商人租用奢侈的店铺做生意，橱窗的设计也非常到位，绝对可以打动别人。他们也不吝啬投入巨资去打广告，但是，他们聘请的服务员却不懂得要做一个倾听者。这些服务员有时候还会打断顾客的谈话，反驳他们的观点，惹恼他们，有的甚至还把顾客赶出去。

沃尔顿在新泽西州纽瓦克市的一家百货商场买了一套西服。但是，他穿上这套西服以后却大失所望，由于上衣掉色，他的衬衫领子都被弄黑了。

然后，沃尔顿先生拿着这套衣服回到了商场，找到了售货员，对他说了相关的情况。然而，在他说完话之前，对方就打断了他。

"我们已经卖出去了好几千套这种衣服。"这位售货员反驳说，"之前从来没有人过来挑毛病。"

售货员是这么说的，而他说话的声调听起来比他说的话更加让人无法接受。他那充满火药味的声音仿佛在说："你撒谎。你觉得我们好欺负，是不是？那行，我必须给你点儿颜色看看。"

就在两个人吵成一团的时候，另外一个售货员走了过来。他说："所有的黑色衣服刚开始都会褪色，这是非常自然的事情。这种衣服只是这种价格，肯定会那样的。那是颜料的问题。"

"听他说完以后，我顿时怒火中烧，再也无法忍受了。"沃尔顿先生说，"头一个售货员对我的诚信感到怀疑；第二个却说我买的是一件低档货。我那时候非常气愤。我刚想要骂他们，这时候，售货部经理过来了。很明显，他十分清楚自己职务的重要性，正是他完全改变了我的态度，让我从一个恼怒的顾客成了一个满意的顾客。

"他先是不说一句话，安静地听我从头到尾说了一遍经过。在我说完以后，那两个售货员也想讲讲他们的看法，不过，这位经理站在我的角度，对他们进行了反驳。他不但说，肯定是西服弄脏了我的领子，并且坚持说，要是顾客不满意他们的商品，他们就不会再进行出售。最终，他承认，他不了解毛病出在哪里，并且真诚地询问我，'你期望我怎么处理这套衣服，我们可以努力做到你说的任何要求。'

"就在前几分钟，我还想让他们自己留着那套衣服，然而，我现在和他说，我想听一下你的意见，我想知道这只是暂时的情况，还是没有解决的办法。然后，他建议我再接着穿一个星期。他告诉我，要是那时候你还是不满意的话，我们肯定会给你换一套满意的服装。

"我心满意足地走出了这家商店。一个星期后，这套衣服不再有什么毛病了，我对那家商店的怒气也全部消失了。

"你瞧，那个管理员能当上售货部经理的原因，就是因为他懂得说话的艺术。说到他的那两位员工，我觉得，他们应该一直停留在店员的岗位，或者应该去包装部，再也不要与顾客打交道。"

这就是为何一样的问题，由不同的人去解决会出现截然不同结果的原因。你是否是对方忠实的听众，这才是问题的关键。

喜爱挑剔的人，即使是那种最激烈的批评者，也经常会在一个有同情心和耐心的倾听者面前，成为态度温柔的人。当愤怒不已的寻衅者像一条毒蛇张嘴咬人的时候，这位倾听者应该保持沉默，并且只是仔细地倾听他的谈话。

因此，假如你希望自己变成一个善于说话的人，首先就要做一个善于倾听的人。要让别人对你产生兴趣，你首先要对别人感兴趣。

一定要记住，正在与你谈话的人，只可能对他自己、他的需要、他的问题最感兴趣，不会对你和你的问题感兴趣。因此，倾听比倾诉更容易，也更得人心。

第10章

婚姻与爱的艺术

1. 爱令人变得更成熟

世界上人们谈论最多，也是最难弄明白的课题之一就是爱。

爱能够激发艺术家的创作灵感，婚姻幸福和家庭美满的基础也是爱。如果没有爱或者缺乏爱，会带来人格破碎或者影响人格的正常发展。

我们大部分人对爱的理解都很狭隘而且偏激，都局限在家庭或是性关系的角度，与此同时，还经常把它与占有、纵容、依赖等混淆在一起。

直到现在，人们才把爱定义为一个严肃的科学课题。现在，情况开始变化了。很多医生、心理学家和科学家开始花费大量的时间、精力去思考和研究"爱"的问题，把爱当作是人类的基本需要和一直没有探索过的影响人类的力量源泉。

所以，我们发现，必须要修正和扩充关于爱的一些传统观念了。

爱与成熟究竟有什么关系呢？罗洛·梅伊博士最近发表了他的新书《人的自我追寻》。我们来看一下他的见解：**"一个人是否能够付出和接受成熟的爱，是衡量他是否具有完全人格的标准。"**

梅伊博士觉得，大多数人还达不到这个标准，因为他们对爱的理解还很肤浅、模糊。

假如一个女人将自己的一生都奉献给了丈夫和儿女，几乎和世界上其他的一切断绝来往，这个女人并不是伟大，只能说她的爱没有她的占有欲强大。

她不懂得，爱的真谛不是局限，而是延伸。假如一个男人崇拜一个女人到了无法再找出另一个女人能取代她的程度，也不说明这个男人就是"有爱心的"男性典范。这只说明他的感情发展被限制了，不得不强迫自己停留在婴儿时期的依赖状态。他还不明白，依赖不是爱。

对于理解那种促使人格趋于完善的成熟，先搞清楚什么不是爱，也许会相对容易一些。

首先，爱不是电影里面玫瑰加香槟式的浪漫故事，也不是作家笔下那些性的激情。别忘了，爱不光是青春貌美者的专利。

许多家长把"爱"作为放纵孩子的理由。而实际上，他们仅仅是在溺爱孩子，这对孩子的成长没有任何益处。

纽约杜布斯波克的儿童村，最近几年始终专注于重新训练需要指导的问题儿童。哈罗德·史泰隆是这一机构的理事，他说："每一天我们都要处理一些父母们由于混淆了爱与纵容而引起的伤害事件。"

有许多父母经常对女儿的婚姻抱怨不休，因为女儿想要嫁到某个遥远的地方。

有一位母亲曾经悲哀地说道："她为什么一定要找一个家那么远的男人结婚，你说她如果找个本地的该多好啊，这样的话，我们也可以互相见面了啊。哎，我们为她辛苦了一辈子，她却以这种方式报答我们，非要和千里之外的人结婚！"

假如你告诉这个母亲，她这样不是真正爱自己的女儿，她肯定会大吃一惊的。她不明白，她将占有欲和自我满足视为"爱"。

爱的真谛不是牢牢抓住自己所爱的人，而是给他自由，让他四海遨游。

爱是肯定，而不是强迫。假如我们的内心被占有欲、嫉妒和掌控等所充盈时，那么，我们对他人真实的爱就会消失。假如我们任由自己的心田荒草蔓延而没有立刻清理，就算是最美丽的花园，也肯定会荒芜。

当你对别人付出爱就像爱自己一样时，必定会获得爱的反馈。纽约市的罗瑞就对这一点坚信不疑。

罗瑞原来是一家工厂的老板，在没有任何征兆的情况下，却突然遭受了变故，两个生意人用所谓的法律手段夺走了工厂。那时候，他目瞪口呆地面对着这一切，咨询律师也无力回天，结果也只有听天由命。他将这一情况通知了所有的员工，然后万分不舍地和他们告别。

可是，新老板接收工厂时，发生了一件意外的事情：虽然新老板答应满足他们的所有条件，可是所有的员工还是毫不犹豫地辞职了——即使不能领到救济金，员工们也不想再回工厂做事了。

新老板和员工们处于僵持的状态，五个礼拜后，工厂居然奇迹般地回到了罗瑞的手中。更让他感动的是，第二天早上，所有的员工都回来上班了。

每次回忆这段往事时，罗瑞总是充满了激动，他说："在失去工厂的那一刻，我伤心地想去死。我什么都没有了，员工和我之间真诚的尊重和理解是我唯一拥有的东西。在危急时刻，由于他们的忠诚，才能让工厂重新回到我的手中。我永远不会忘记他们对我的爱，对我而言，我们是朋友关系，而已经不再是老板和员工的关系。"

人都是情感动物，谁都渴望真正的爱情。当你真正爱一个人时，就像爱你自己一样，愿意为了他付出一切，就肯定会得到他的喜爱和尊重。假如每个人都为别人付出真诚的爱，我们的世界就会变得更加美好。

2. 爱是春风化雨

许多男人不留意在细节上关心自己的妻子，于是，爱情就消失在这些微不足道的地方。

鲜花一直以来都是爱情的象征。它们不贵，也方便购买，然而，记得下班回家给妻子买花的丈夫却很少，即使是一朵便宜的水仙。

不要等她生病住院的时候，你才想起来买花给他。平时，你大可以买花送她，效果肯定不一样。

百老汇的大忙人乔治·科汉每天都记得和妈妈打电话。即使并非一直有话对她说，他还是要以这样的方式表达对母亲的关心。他的母亲肯定觉得非常幸福。

女人一般对自己的生日和结婚周年纪念日非常看重。许多男人一生也记不住几个纪念日，但是，妻子的生日和彼此的结婚纪念日，这两个日期一定要记住。

约瑟夫·沙巴斯是芝加哥的一位法官，他曾经处理过4万件婚姻危机的案子，并使2000对夫妻重归于好。他说："忽视细节导致了许多夫妻的矛盾，比如丈夫上班时，妻子忘了和他说再见这类的细节。"

著名的诗人夫妇罗伯特·勃朗宁和伊丽莎白·勃朗宁，他们的结合也许是从古至今最美好的婚姻了。不论他有多忙，都没有忽视细节上的关心和赞美。残废的她因为他的爱，骄傲地说："我认为我就是个天使。"

许多男人对于在细节上关心的重要性没有足够的意识。盖诺·麦德斯在《画报评论》中说道："美国家庭可能要弄一些有趣的新鲜事，例如，在床上吃饭，也许会让她非常开心。"一桩桩小事和细节构成了婚姻，对细节不重视，婚姻很可能会出现问题。

杰克·杜蒙先生在加拿大的安大略，他曾经给我寄了一封信，和我探讨了一些他对婚姻生活的感悟。他在信中谈道：

我费了好大一番力气娶了一位理想的妻子，她可以说是完美女人的化身，聪明、美丽而且温柔。结婚以后，我开始把几乎所有的精力放在了我的工作上，以为这会让我们的家庭更加幸福。因此，实际上，我把所有维持婚姻和家庭幸福的任务都交给了我的妻子。

刚开始的时候，我并没有感觉有哪些不妥的地方，只是感觉我的家庭生活并没有想象的那样幸福。我经常和妻子吵架，不过没过几个钟头，我们就会重归于好。我并没有把这样的事情放在心上。

然而有一天，我刚满4岁的儿子突然对我说："爸爸，你难道不喜欢妈妈吗？我觉得她非常好啊。"他这样问我，让我感觉自己是一个大坏蛋。他的话使我立刻体会到"妈妈"这个词的重量，然后，我也体会到她作为"妻子"的分量。我肯定是很爱我的妻子的。她始终默默地为我们这个家做了很多事情，而我却没有表示过什么。

每天到家以后，她为我准备好了精心可口的晚餐，驱散一整天的疲倦；第二天，我穿着她洗好的衣服，精神百倍地去上班。我认为，这一切都是理所当然的。也许在我妻子的眼里，在一些时候，也会和我儿子有同样的想法：杰克不再爱我了吗？我是不是做错了什么？

都是我的过错，导致她产生这些想法。就算我是爱她的，我也无法原谅自己。在过去的5年里，幸福的家庭生活是怎么样的，她从来没有体会过。

然后，我找了一个合适的机会，邀请我的妻子参加一个只有我和她的约会，而且和她谈了谈心。我神情严肃地告诉她，我非常爱她，就和从前一样，不过我曾经做了很多傻事，并恳求她的原谅。

我的妻子原谅了我，她告诉了我一些自己的想法。她确实怀疑过我不再爱她了——和我曾经预想的一样。她告诉我，作为一个妻子，她却无法完全了解和信任自己的丈夫，这让她非常内疚。

我们的婚姻生活自从那次谈话之后发生了显著的变化，我的妻子看上去比从前开心多了。所以，之后我也常常抽出时间和我的妻子谈心，每周最少一次。我们的婚姻的确因为相互交心而保持了活力，我们如今感情好得就像刚结婚的时候一样。

日常生活中的琐碎小事往往能够让爱情毁灭。正是这些琐碎小事，而不是那些触礁般的大事件造成了婚姻的破裂。

雷诺所服务的好几家法庭，每周6天开庭办理结婚和离婚手续，来办理离婚手续的人占了办理结婚手续的人的1/10。这些离婚的夫妻很少是因为不可调和的大矛盾而离婚的。忍受不了鸡毛蒜皮的小事，是他们分开的重要原因。

为此，雷诺特意摘抄了这段话，把它放在非常明显的位置，为的是方便自己经常看到：

许多宝贵的东西只要稍不留心就从我们手里溜走了。所以，要尽量帮助他人，尽量表达你对他人的关心。别再等待，莫让时光虚掷，别在我们疏忽大意的时候错失了它们。